통계로
보는
세상

통계로 보는 세상

초판 1쇄 발행 2023년 3월 1일

지은이 김창훈 / **펴낸이** 배충현 / **펴낸곳** 갈라북스 / **출판등록** 2011년 9월 19일(제2015-000098 호) / **전화** (031)970-9102 **팩스** (031)970-9103 / **블로그** blog.naver.com/galabooks / **페이스 북** www.facebook.com/bookgala / **이메일** galabooks@naver.com / ISBN 979-11-86518-64-9 (03300)

통계로
보는
세상

트렌드 키워드
101

외국인이 좋아하는 한식?
직장인 평균 월급?
MZ세대 재테크는? …

　가끔 전세계에서 가장 인구가 많은 나라는 중국이라고는 알고 있는데, '가장 큰 나라는 어디일까' 내지는 가장 큰 산은 에베레스트인데, '가장 긴 강은 어디지' 라고 생각할 때가 있답니다. 이럴 때마다 알 것 같으면서도 헷갈리는 그런 느낌을 받게 되죠.

　사실 우리는 매일같이 숫자로 세상을 보고 있습니다. 신문이나 다양한 미디어 속에서 늘 숫자들이 등장합니다. 경제 성장률에서부터 1인 가구 비율, 영화관객 수 등등. 우리는 숫자를 통해 세상을 보는데 익숙합니다. 그만큼 숫자(통계)가 주는 의미는 과거보다 훨씬 더 중요해지고 있습니다.

　개인적으로 30년 넘게 숫자 다루는 업무를 해왔습니다. IT

전문 기자를 거쳐 디지털 전문 시장조사기관에서 30년 넘게 근무하면서 늘 숫자를 조사하고, 해석하다보면 새로운 사실을 알게 됩니다. 숫자끼리 연결시키다 보면 이전에 몰랐던 사실들을 알게 되죠. 하지만 전문적인 분야는 무겁습니다.

이 책은 숫자를 통해 바라 본 세상에 관한 내용입니다. 세상을 보는 여러 시각이 있지만, 숫자가 주는 의미는 남다르다고 할 수 있습니다. 개인적으로 제가 가장 좋아하는 산은 한라산이지만 '남들은 무슨 산을 좋아할까' 라고 생각한 적이 있습니다. 통계를 통해 바라본 사실은 사람들은 설악산을 제일 애정하는 산이라는 것이죠.

이 책은 사람들이 생각하는 것을 모아놓고 가볍게 읽을 수 있는 책입니다. 별다른 해석없이 숫자와 통계를 통해 지금의 세상을 바라보는 상식 모음집입니다. 숫자를 통해 바라본 세상은 우리가 알고 있는 일반 상식과 별반 다르지 않습니다. 숫자를 통해 세상의 트렌드를 살펴보는 것도 재미있는 일입니다.

_ 김창훈

〈차례〉

머리말 _ 8

PART 1 | Life

PART 2 | Culture

PART 3 | Economy & Tech

PART 4 | Sports & Entertainment

PART 1

Life

01

인구 절벽

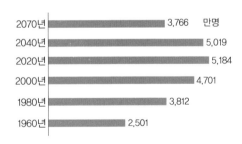

● 우리나라 인구전망

연도	인구
2070년	3,766 만명
2040년	5,019
2020년	5,184
2000년	4,701
1980년	3,812
1960년	2,501

〈출처: 통계청〉

2040년 우리나라 인구는 5019만 명

우리나라 인구가 2020년 정점으로 증가세가 꺾였습니다. 2020년 기준 우리나라 인구는 5,184만 명. 2000년도에 4,701만 명이니 지난 20년 동안 483만 명의 인구가 늘어난 것으로 집계됐습니다. 1960년도와 비교해 보면, 당시 인구는 2,501만 명에 불과했네요. 60년 전보다 인구가 배 이상 늘어난 셈이죠.

하지만 문제는 지금부터예요. 통계청에서 앞으로 인구를 예측해보니 2040년에는 5,019만 명, 2070년에는 3,766만 명으로 줄어든다고 하네요. 2070년 인구수는 1980년대 수준이 될 것으로 예측됐습니다. 소위 인구 절벽이 이제부터 현실화되는 셈이죠.

실제 2021년 우리나라 인구는 전년 대비 약 −0.18% 줄어든 5,174만 명이었습니다. 2022년에는 인구 감소가 이어져 약 5,163만 명 이하가 될 것으로 추산됐습니다.

과연 저출산을 극복할 대책은 무엇일까요. 단순히 돈을 더 준다는 그런 정책 말고, 아이를 제대로 키울 수 있는 환경을 만들어 주는 게 우선일지 아닐까 싶네요.

02

공무원 보다 대기업

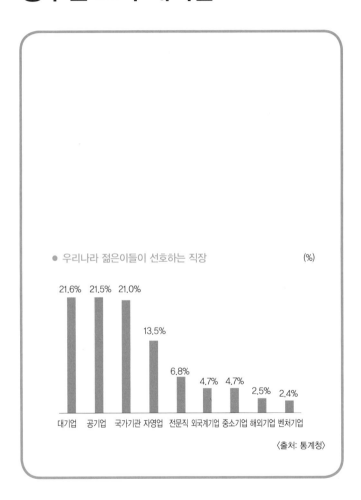

● 우리나라 젊은이들이 선호하는 직장   (%)

21.6%   21.5%   21.0%

13.5%

6.8%

4.7%   4.7%

2.5%   2.4%

대기업   공기업   국가기관 자영업   전문직 외국계기업 중소기업 해외기업 벤처기업

〈출처: 통계청〉

젊은이들이 가장 선호하는 직장

우리나라 청년, 청소년들이 가장 선호하는 직업은 대기업에 근무하는 거랍니다. 아마도 코로나 영향으로 높은 급여와 안정적인 직장을 선호하는 경향이 높아진 듯해요.

통계청에서 13세~ 34세 젊은층을 대상으로 2021년 조사한 내용에 따르면 가장 근무하고 싶은 직장은 대기업이 21.6%로 1위를 차지했습니다. 그 전 조사에서는 공무원을 가장 선호했답니다.

두 번째는 공기업 21.5%, 국가기관 21.0%로 조사됐네요. 공기업과 국가기관 근무자가 공무원이기 때문에 실제로 공무원을 선호하는 응답이 가장 높다고 할 수 있지요.

이밖에 자영업자, 전문직, 외국계 기업으로 조사됐네요. 하지만 중소기업이나 벤처기업 선호도는 5%도 채 되지 않네요.

벤처기업 열풍이 불고 있다지만 여전히 대기업 선호도가 높은 것은 아무래도 안정성을 더 중시하기 때문이라는 생각이 드네요.

대학

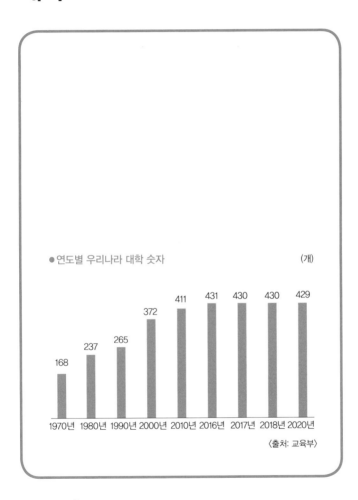

● 연도별 우리나라 대학 숫자 (개)

411
431
430
430
429
372
265
237
168

1970년 1980년 1990년 2000년 2010년 2016년 2017년 2018년 2020년

〈출처: 교육부〉

우리나라 대학은 총 429개, 재학생 수는 328만 명

갈수록 학생 수는 줄어들고 있지만 전체 대학 숫자는 400개를 웃돌고 있습니다. 웬만하면 누구나 대학을 갈 수 있는 시대가 됐지만, 취업 경쟁에 휘말리느라 대학가 낭만은 사라진지 오래지요.

우리나라 대학 숫자는 1970년도에 168개에서 1980년에 237개로 늘어나더니 2000년에는 372개까지 크게 늘었답니다. 그리고 2011년도에 432개로 정점을 찍은 후에 인구 감소가 이어지면서 10년이 지난 2020년에는 429개 대학이 됐지요.

429개 대학 중에 일반대학은 191개로 가장 많고 전문대 136개 대학, 교육대학 10개, 기타 47개, 대학원 중심의 대학은 45개 학교가 있습니다.

04

코로나 우울증

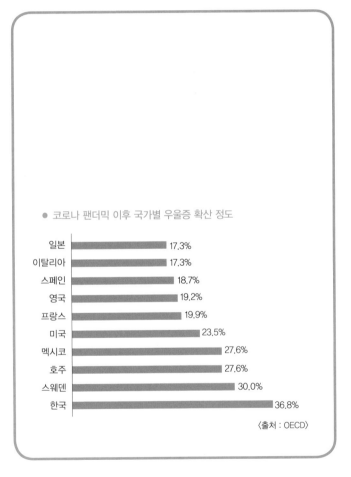

● 코로나 팬더믹 이후 국가별 우울증 확산 정도

일본	17.3%
이탈리아	17.3%
스페인	18.7%
영국	19.2%
프랑스	19.9%
미국	23.5%
멕시코	27.6%
호주	27.6%
스웨덴	30.0%
한국	36.8%

〈출처 : OECD〉

한국인은 코로나로 우울해

2020년에 느닷없이 코로나 바이러스가 전세계를 강타하면서 세상 살기가 참 힘들어졌다고들 합니다. 우리나라도 예외는 아닌데요. 한국은 K방역의 효과로 나름 코로나 대처를 잘해왔지만 코로나로 인한 우울증은 다르네요.

OECD가 회원국만을 대상으로 우울증 발생률을 조사했는데, 코로나 이후 한국인들의 우울증 유병률은 36.8%로 가장 높다고 합니다. 우울한 소식이죠. 그 다음으로 북유럽 복지국가인 스웨덴 30.0%. 호주가 27.6%라고 하네요.

미국도 23.5%의 국민들이 우울증에 걸렸거나 가능성이 높다고 하네요. 프랑스도 19.9%, 영국 19.2%입니다.

낙천적인 사람들이 많은 국가 중 하나인 이탈리아는 17.3%로 비교적 낮은 편이고, 이웃나라 일본도 17.3%로 낮은 편이라고 합니다. 이 소식도 우리를 우울하게 하네요.

29.2대 1

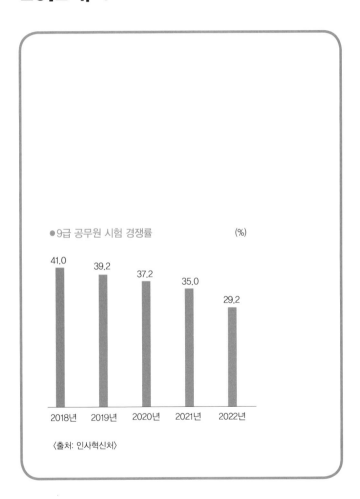

●9급 공무원 시험 경쟁률 (%)

41.0

39.2

37.2

35.0

29.2

2018년 2019년 2020년 2021년 2022년

〈출처: 인사혁신처〉

2022년 9급 공무원 시험 경쟁률

매년 4월이면 전국적으로 9급 공무원 시험이 치러지게 되죠. 2022년도 9급 공무원 공개채용 선발 인원도 5,672명이었다고 합니다.

지원자가 16만5,000여명이었다니 9급 공무원 시험은 아마 대학 수학능력시험, 공인중개사 시험 다음으로 응시 인원이 많은 시험이지요. 공시족 열풍도 대단하고요.

하지만 9급 공무원 시험 경쟁률이 매년 떨어지고 있다네요. 2018년 경쟁률이 41.0대1이었는데, 불과 4년새 29.2대 1로 떨어졌다고 합니다.

인사혁신처에서는 이같은 경쟁률 하락이 인구감소, 공무원 연금 개편, 코로나 여파 때문이라고 분석했는데요. 공무원 인기가 예전만큼 못한 것은 사실이지만, 여전히 여타 시험에 비해 공무원 시험 경쟁률이 높은 것은 아직도 공무원을 지망하는 희망자들이 많다는 것을 보여준다고 할 수 있네요.

06

갑상선암 · 폐암

● 한국인 발생 암 순위

순위	2018년	2019년
1	위	갑상선
2	갑상선	폐
3	폐	위
4	대장	대장
5	유방	유방
6	간	전립선
7	전립선	간
8	췌장	췌장
9	담낭 및 기타담도	담낭 및 기타담도
10	신장	신장

〈출처: 국립암센터〉

가장 많이 걸리는 암

우리나라 사람들이 가장 많이 걸리는 암은 갑상선암이라고 합니다.

국립암센터에서 발표한 통계인데요, 2019년 기준으로 갑상선암이 가장 많이 발생하고 그 뒤를 폐암, 위암, 대장암, 유방암 순이네요. 2018년에 위암이 가장 많이 걸렸는데, 1년새 폐암이 최다 발생암이 됐네요.

이 외에 전립선암, 간암, 췌장암, 담낭 및 기타 담도암, 신장암 순이었습니다.

남자는 폐암과 위암이 단연코 가장 많았고요. 여성은 유방암, 갑상선암, 대장암, 위암 순입니다.

아무래도 흡연층이 많은 남성들이 폐암 환자가 많은 것이겠죠. 다들 암 걸리지 않으려면 금연하고 절주하고 꾸준히 운동하세요.

07

라면

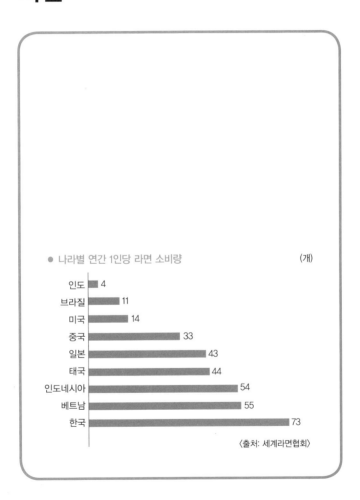

● 나라별 연간 1인당 라면 소비량 　　　　　(개)

나라	소비량
인도	4
브라질	11
미국	14
중국	33
일본	43
태국	44
인도네시아	54
베트남	55
한국	73

〈출처: 세계라면협회〉

한국인 1년에 라면 73개 먹어

우리나라 사람들이 가장 좋아하는 식품 중 하나가 라면이죠. 라면종류도 다양하고, 언제 어디서나 먹을 수 있기 때문에 가장 즐겨먹는 식품이라고 할 수 있죠. 통계상에서도 수치를 확인할 수 있는데요.

세계라면협회(WINA)라는 곳에서 발표한 2021년 세계 라면 시장 자료에 따르면 한국인 한 명이 1년에 먹는 라면개수가 73봉지라고 하네요. 일주일에 1~2번은 라면을 먹는 셈이죠.

우리나라 다음으로는 베트남이 55개, 인도네시아가 54개, 태국 44개, 일본 43개로 주로 동남아시아 국가들이 라면을 즐겨 찾는답니다.

미국인들은 평균 14개를 먹는다고 하니 우리나라 사람들에 비해선 아주 작다고 할 수 있네요.

비만

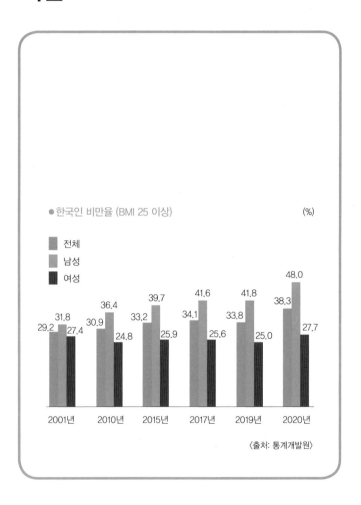

● 한국인 비만율 (BMI 25 이상)　　　　　　　　(%)

- 전체
- 남성
- 여성

	2001년	2010년	2015년	2017년	2019년	2020년
전체	29.2	30.9	33.2	34.1	33.8	38.3
남성	31.8	36.4	39.7	41.6	41.8	48.0
여성	27.4	24.8	25.9	25.6	25.0	27.7

〈출처: 통계개발원〉

한국인 10명 중 4명

코로나로 한때 '확찐자'라는 우스갯소리가 유행한 적이 있었죠. 근데, 이게 농담이 아니고 사실이었네요.

통계개발원에 따르면 2020년도 우리나라 비만인구는 38.3%로 역대 가장 높다고 하네요.

비만율 조사를 처음 했던 1998년만 하더라도 비만율은 26%였는데, 20여년 만에 40%까지 치솟은 거죠.

코로나 전이었던 2019년만 하더라도 비율이 33.8%로 다소 낮아지는 수치였는데, 코로나 기간을 거치면서 5% 포인트 이상 증가한 꼴이죠.

남녀 차이도 벌어졌는데요. 남성은 48%, 그러니까 2명중 1명은 비만인 꼴이죠. 여성은 27.7%이고요. 비만율은 체질량지수(BMI)가 25이상인 경우를 말한답니다.

술

● 성인 1인당 소주 및 맥주 소비량

연도	소주	맥주
2017년	62.8병	103.0병
2018년	60.3병	100.6병
2019년	59.5병	97.0병
2020년	56.3병	85.4병
2021년	52.9병	82.8병

〈출처: 국세청, 관세청〉

성인 1명 1년에 평균 소주 53병, 맥주 83병 마셔

우리나라 사람들은 같이 어울려서 술 마시는 문화를 아주 좋아합니다. 때문에 전세계적으로도 술 소비량이 높은 나라인데요. 하지만 최근 들어 술 소비량은 계속 줄어드는 추세를 보이고 있네요. 아무래도 주류 소비패턴이 변화하고 있고, 회식문화도 예전같지 않기 때문으로 풀이되는데요. 대표적인 주류인 소주와 맥주의 소비량 추이를 살펴봤더니 계속 줄어드는 것으로 나타났습니다. 막걸리가 유행하고 와인 등의 인기로 주류 종류가 바뀐 탓도 있지만 전반적으로 술 소비가 줄어든 것은 사실입니다.

우리나라 성인 기준으로 1년에 평균 53병을 마십니다. 일주일에 한병 꼴인 셈이죠. 소주는 2017년에 62.8병에서 2021년에 52.9병으로 줄어들었으니 4년새 10병 이상 소비가 줄어든 셈입니다. 맥주는 성인기준으로 2017년에 평균 103병을 마셨는데, 2021년에는 82,8병으로 줄어들었습니다. 코로나 상황에서 사회적 거리두기로 식당문이 일찍 닫은 영향도 있겠죠. 아무튼 술 소비가 줄어든다는 점은 국민 건강에도 좋은 징조라 생각됩니다.

영화 관람

● 한번 이상 참여한 여가활동 비율

순위	구분	비율
1	영화 관람	60%
2	전시회 관람	9.6%
3	박물관 관람	9.2%
4	연극공연 관람	8.0%
5	연예인 공연 관람	5.4%
6	음악연주회 관람	3.4%
7	전통예술공연 관람	2.9%
8	무용 관람	0.9%

〈출처: 통계청, 우리나라 국민 1,088명 대상, 2020년 조사〉

우리 국민이 가장 많이 하는 여가 활동

우리나라 국민이 가장 많이 하는 여가활동은 영화 관람이라고 하네요. 통계청 자료에 따르면 2020년, 코로나가 한창 기승을 부리던 시기에 우리 국민들이 즐겨하던 여가활동 1순위는 단연 영화 관람입니다.

'한번 이상 참여한 여가활동'을 묻는 질문에 응답자의 60%가 영화 관람을 꼽았네요. 영화 관람 외의 여가 활동은 비율이 굉장히 낮았는데요. '전시회 관람'이 9.6%, '박물관 관람' 9.2%입니다.

이 외 순으로는 연극공연 관람, 연예인 공연 관람, 음악연주회, 전통예술공연 관람, 무용공연 관람 순으로 나타났네요. 성별 여가활동도 그다지 큰 특징이 없었고요, 소득순위가 높을수록 영화관람 비중이 높은 것으로 조사됐습니다.

아무래도 코로나 여파로 많은 공연이 줄어들다보니 영화관람 비중이 높았다고 분석이 되네요.

취업률

● 2021년 대학별 취업률 순위

순위	대학	졸업자(명)	취업률(%)
1	성균관대학교	4,047	76.0
2	한양대학교	3,637	73.5
3	고려대학교	4,572	71.6
4	중앙대학교	3,807	71.3
5	서울대학교	3,204	71.1
6	연세대학교	3,939	70.0
7	아주대학교	2,212	68.3
8	우송대학교	2,168	66.7
9	건국대학교	3,447	66.6
10	경희대학교	6,005	66.3
11	인하대학교	3,941	66.0
12	국민대학교	3,520	66.0
13	동국대학교	3,081	65.4
14	순천향대학교	2,371	65.2
15	숭실대학교	2,999	64.9

〈출처: 대학알리미, 졸업생 2천여명 이상 대학교 대상〉

상위 15개 대학 평균 68.6%

2021년도 대학별 취업률 통계에 따르면 졸업생 2,000여명 대학 중 상위 15개 대학의 취업률 평균은 68.6%입니다. 10명 중 7명은 취업에 성공했다는 소식이네요.

1위는 성균관대학교로서 취업률이 76.0%입니다. 2위는 73.5%의 취업률을 기록한 한양대가 차지했습니다. 3위는 고려대학교(71.6%), 4위는 중앙대학교(71.3%)입니다. 서울대는 취업률이 71.1%이며, 연세대학교는 70.0%입니다.

이 외 아주대학교 68.3%, 우송대 66.7%, 건국대 66.6%, 경희대 66.3%, 인하대 66.0%, 국민대 66.0%로 조사됐네요. 취업하기 힘든 시절입니다. 다들 힘내시길 바랍니다.

인구 감소

●2020년 대비 2050년 인구 추이

지역	인구 변동	지역	인구 변동
경기도	90만명 증가	전남	27만명 감소
세종시	28만명 증가	울산	29만명 감소
제주도	3만명	전북	31만명 감소
충남	1만명 증가	경북	40만명 감소
충북	3만명 감소	경남	57만명 감소
강원	4만명 감소	대구	61만명 감소
인천	14만명 감소	부산	84만명 감소
대전	25만명 감소	서울	170만명 감소
광주	27만명 감소		

〈출처: 통계청〉

서울 인구 2020년 대비 2025년이면 −170만 명

통계청에 따르면 2025년이면 경기도, 세종시, 제주도, 충남 등 4개 시도를 제외하고 13개 시도는 인구가 줄어들 것이라는 전망입니다. 특히 전남, 강원을 비롯해 12개 시도에서는 출생아수보다 사망자수가 더 많은 것으로 나타났으며, 2045년 이후에는 모든 시도에서 인구감소가 진행될 것이라고 하는 우울한 소식이네요.

생산연령 인구 역시 2050년이면 감소율이 이어질 전망인데 울산과 대구 지역의 감소율이 가장 높다고 하네요. 인구절벽이 코앞에 닥친 느낌입니다. 저출산 대책을 위한 좋은 방안은 무엇일까요.

13

성폭력

●2020년 흉악범죄 발생 건수 분류별 순위

순위	사건	발생건수
1	성폭력	30,105건
2	방화	1,210건
3	살인	805건
4	강도	692건
전체		32,812건

〈출처: 검찰청〉

흉악 강력범죄 중 발생건수 1위

매일 뉴스마다 사건사고가 끊이지 않는데요. 검찰청에 따르면 2020년 국내에서 발생한 살인, 강도, 방화 등 흉악범죄는 총 3만2,812건이 발생했다고 하네요.

하루에 124건의 흉악범죄가 발생하는 셈이죠. 특히 전체 흉악범죄 중 성폭력 발생건수가 3만여 건에 달해 전체 범죄건수의 91%를 차지하고 있답니다. 인구 10만 명당 성폭력 발생 건수는 58.1명이라고 합니다.

2020년 살인사건은 805건이 발생했으며, 강도 사건은 692건, 방화는 무려 1,210건이 발생했다고 하네요. 범죄없는 세상이 그리워집니다.

총

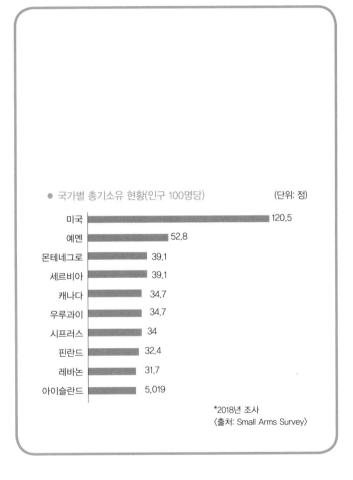

● 국가별 총기소유 현황(인구 100명당)　　　　(단위: 정)

국가	수치
미국	120.5
예멘	52.8
몬테네그로	39.1
세르비아	39.1
캐나다	34.7
우루과이	34.7
시프러스	34
핀란드	32.4
레바논	31.7
아이슬란드	5,019

*2018년 조사
〈출처: Small Arms Survey〉

미국인 대부분은 총기 소유

2022년 일본 아베 일본총리가 총격으로 사망한 사건이 벌어졌는데요. 일본은 전세계에서도 총기 소지율이 가장 낮은 나라 중의 하나라서 일본인들의 충격이 더욱 클 것 같은데요.

국제 무기조사기관인 스몰암스서베이에 따르면 전세계적으로 총기 소지율이 가장 높은 나라는 예상하듯이 미국이 차지했네요.

2018년 조사에서 미국 인구 100명당 총기소지는 120.5으로 나타나 2위인 아프리카 국가인 예멘(52.8)보다 두 배 이상 많은 것으로 나타났죠. 이는 미국 인구 대부분이 총기를 소지하고 있다는 얘기가 됩니다.

세르비아와 몬테네그로 등은 39.1, 우루과이와 캐나다도 34.7로 조사됐으며, 사이프러스는 34, 핀란드는 32.4, 레바논 31.9, 아이슬란드는 31.7로 조사됐네요.

15 여성 1인 가구

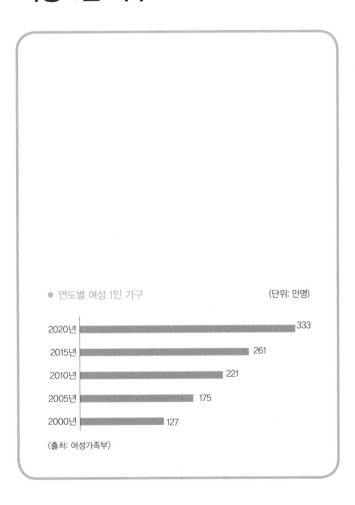

● 연도별 여성 1인 가구 　　　　　　　　(단위: 만명)

2020년	333
2015년	261
2010년	221
2005년	175
2000년	127

〈출처: 여성가족부〉

여성 1인 가구는 333만 명

1인 가구가 전체 가구의 30%를 넘어섰다는 통계가 나왔는데요. 특히 그중에서도 여성 1인 가구수가 빠르게 증가하고 있습니다. 여성 1인가구는 지난 2000년에 127만 명이었는데, 20년이 흐른 2020년에는 333만 명이라고 합니다. 무려 200만 명이 증가한 수치입니다.

여성 고용률 역시 빠르게 증가해 50.7%라고 조사됐고요. 덕분에 경단녀(경력단절여성) 비중도 5년 전보다 56만 명이 줄었다고 하네요.

문제는 여성 1인가구는 늘고 있다는 것은 그만큼 미혼 여성의 수가 늘고 있다는 것이고, 2030년이 되면 여성 1인가구수가 남성 1인가구수를 넘어설 것이라는 전망이 나오고 있답니다. 1인 가구, 그중에서 여성 1인 가구의 증가는 앞으로 이 사회에 어떤 영향을 미칠까요.

미혼 남성

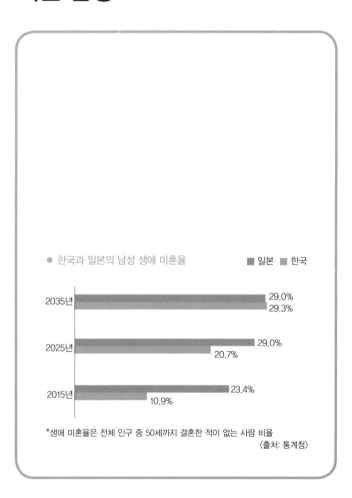

● 한국과 일본의 남성 생애 미혼율　　　■ 일본 ■ 한국

2035년　29.0%　29.3%

2025년　29.0%　20.7%

2015년　23.4%　10.9%

*생애 미혼율은 전체 인구 중 50세까지 결혼한 적이 없는 사람 비율

〈출처: 통계청〉

2035년이면 남자 10명중 3명 평생 미혼으로 지내

저출산 문제가 심각해지는 원인 가운데 하나로 결혼을 기피하는 풍속이 꼽히고 있지요. 실제 통계에도 이 같은 문제가 잘 드러나고 있습니다.

통계청에서 발표한 자료인데요, 우리나라 남성 중 평생 동안 결혼 안한, 즉 미혼 비율이 2015년 10.9%에서 2035년이면 29.3%로 증가한다고 예측했습니다.

2025년에는 20.7%이고요. 즉, 우리나라 남성 중 50세 전후까지 결혼한 적이 없는 비율이 10명 중 3명 꼴인 셈이죠.

일본 역시 우리와 유사한 패턴을 보이고 있는데요. 미혼율이 2015년 기준으로 23.4%에서 2025년에는 29%에 달한다고 하네요.

반면 여성은 평생 미혼율이 2025년에도 19.5%로 예측됩니다. 결혼 못하는 남성들, 대책이 필요할 듯 합니다.

17

강남구 역삼1동

● 서울시내 연령대별 1인 가구 많은 행정동   (명)

구분	행정동	인구수
20~30대	광진구 화양동	12,688
	강남구 역삼1동	11,876
	관악구 청룡동	9,973
40~50대	강남구 역삼1동	3,356
	강서구 화곡1동	2,794
	중랑구 중화2동	2,648
60대 이상	강서구 등촌3동	2,550
	노원구 중계2, 3동	2,513
	노원구 상계3, 4동	2,275

〈출처: 서울시〉

서울에서 1인 가구가 가장 많은 동네

요즘 1인 가구가 크게 늘고 있는데요, 서울시가 SK텔레콤, 서울시립대와 1인 가구 300만 명 데이터를 분석했더니 1인 가구가 가장 많은 동네는 강남구 역삼1동으로 조사됐네요.

2위와 3위는 광진구 화양동, 관악구 청룡동 순이었습니다.

연령대별로 20~30대 젊은 층이 가장 많이 살고 있는 행정동은 광진구 화양동인데 1만2,688명이 거주하고 있답니다.

대학가가 몰려있는 서대문구 신촌동은 9,251명, 성동구 사근동은 5,811명이며, 관악구 신림동도 9,884명으로 젊은 층이 많이 살고 있답니다.

40~50대 중장년층은 중구 을지로동, 강남구 역삼1동에 가장 많이 살고 있으며, 60대 이상 노년층은 종로와 노원구 월계동, 강서구 등촌3동에 많이 살고 있다고 합니다.

18

독서

● 독서 인구 1인당 1년 동안 읽은 책 (권)

연도	권수
2019년	14.4
2017년	17.3
2015년	16.5
2013년	17.9
2011년	20.8
2009년	17.4

〈출처: 통계청〉

책 읽는 한국인은 2명 중 1명 뿐

한국인들은 1년에 몇 권의 책을 읽을까요? 아마도 다들 짐작하겠지만 안타깝게도 스마트폰 등장 등으로 독서 인구는 계속 줄어들고 있지요.

예전에는 독서가 하나의 좋은 취미생활이었지만, 이제는 워낙 다양한 즐길거리가 많다는 것을 핑계로 책을 읽는 사람들도 줄어드는 안타까운 추세입니다.

통계청에서 발표한 자료에 따르면 2019년 기준으로 우리나라 사람들 가운데 50.6%만이 독서 인구라고 합니다. 이전 10년 전에 62%에서 무려 10% 포인트 이상 줄어든 셈이지요.

독서하는 사람들이 1년간 읽는 책의 양도 2011년 21권에서 매년 줄어들어 지금은 14.4권이라고 합니다. 평균 독서시간도 하루에 8분에 불과하고요.

아무리 새로운 디지털 기기가 세상을 재미있게 하더라도 독서를 통해 세상을 보는 안목을 기르기를 힘들죠. 다들 책을 많이 읽기를 바랍니다.

19

설악산

●한국인이 좋아하는 산

순위	산	높이	위치
1	설악산	1,708m	강원도
2	지리산	1,915m	전라도/경상동
3	한라산	1,950m	제주도
4	북한산	835.6m	서울
5	백두산	2,750m	북한
6	태백산	1,567m	강원도
7	팔공산	1,192.3m	대구
8	관악산	632.2m	서울
9	도봉산	740.2m	서울
10	무등산	1,187m	광주

〈출처: 월간 산〉

통계로 보는 세상

한국인이 제일 좋아하는 산

코로나 여파인지 최근 들어 부쩍 등산 인구가 많이 늘고 있답니다. 특히 우리나라만큼 가까운데 산이 있는 나라는 전세계를 둘러봐도 많지 않죠.

그렇다면, 한국인들이 가장 사랑하는 산은 어디일까요. 『월간 산』이 조사를 했는데요, 한국인이 제일 좋아하는 산 1위는 설악산이랍니다. 계절마다 풍경을 달리하는 설악산은 말이 필요 없는 한국의 최고 명산이라 할 수 있죠.

2위는 우리의 고달픈 역사가 담겨 있는 지리산이 차지했고요. 3위는 백두산과 쌍벽을 이루는 국토 최남단 제주도에 위치한 한라산이 차지했네요.

4위는 많은 서울 시민들이 최고로 꼽는 북한산이었으며, 5위는 백두산이 차지했습니다.

이 외 태백산, 팔공산, 관악산, 도봉산, 무등산 등이 10위권에 포진돼 있네요. 각 지역을 대표하는 명산들이 다 포함돼 있지요.

20

결혼

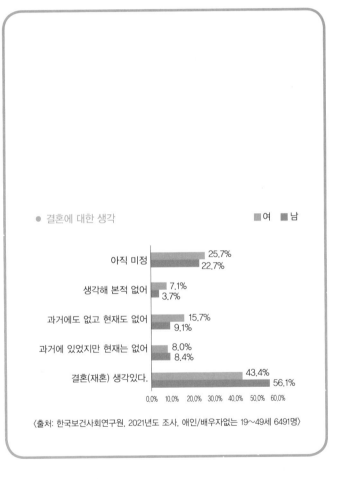

● 결혼에 대한 생각   ■ 여 ■ 남

	여	남
아직 미정	25.7%	22.7%
생각해 본 적 없어	7.1%	3.7%
과거에도 없고 현재도 없어	15.7%	9.1%
과거에 있었지만 현재는 없어	8.0%	8.4%
결혼(재혼) 생각있다.	43.4%	56.1%

0.0% 10.0% 20.0% 30.0% 40.0% 50.0% 60.0%

〈출처: 한국보건사회연구원, 2021년도 조사, 애인/배우자없는 19~49세 6491명〉

남성 56.1%, 여성 43.4%, '결혼할 의향 있다'

애인이나 배우자가 없는 우리나라 국민들 가운데 절반정도는 결혼(재혼)할 생각은 갖고 있는 것으로 조사됐네요.

한국보건사회연구원이 애인(배우자)없는 19세~49세 남녀 6,491명을 대상으로 결혼에 대한 생각을 조사한 결과, 남성은 56.1%, 여성은 43.4%가 결혼할 생각이 있다고 응답했습니다. 현재 애인이 없는 국민만 대상으로 했다는 점에서 비교적 결혼 의향이 높게 나온 결과인 셈이죠.

반면 결혼할 생각이 없다는 인식은 남성인 경우 20% 정도, 여성인 경우 30% 정도로 나왔네요. 이는 남성보다 여성이 결혼에 대해 더 회의적이라는 것으로 풀이되는데요, 현재의 여러 여건이 결혼에 있어 남성보다 여성에게 불리하다고 생각하고 있음을 보여줍니다.

21

박사

● 연도별 박사학위 소지자   (명)

구분	계	공학	자연	인문	사회	교육	의약	예체능
2015년	13,077	3,332	2,282	1,272	2,518	826	2,056	791
2016년	13,882	3,581	2,397	1,244	2,704	827	2,293	836
2017년	14,316	3,665	2,512	1,296	2,755	889	2,362	837
2018년	14,674	3,866	2,485	1,373	2,839	965	2,294	852
2019년	15,308	4,217	2,496	1,506	2,819	997	2,387	886
2020년	16,139	4,518	2,745	1,582	3,016	1,014	2,262	1,002
2021년	16,420	4,536	2,778	1,528	3,094	890	2,384	1,210
누적 (15~21)	103,816	27,715	17,695	9,801	19,745	6,408	16,038	6,414
비중	100%	27%	17%	9%	19%	6%	15%	6%

*2020년 전체 주택수는 1,852만5,844가구
*( )은 전체주택수 대비 비중

〈출처: 통계청〉

박사학위 소지자, 공학계열이 최다

우리나라 대학에서 매년 박사 학위를 받는 인원은 1만4,000여명에서 1만6,000여명이라고 합니다.

통계청에 따르면 2021년도 박사학위를 받은 인원은 1만6,420명으로 2020년 1만6,139명에 비해 200여명 늘어난 셈이지요.

2015년부터 2021년까지 7년간 박사학위를 취득한 사람은 총 10만3,816명입니다. 이중에서 27%, 즉 3분의 1이 공학계열로 나타났으며, 19%가 사회계열, 17%가 자연계열로 나타났네요.

의학계열도 15%를 차지했는데, 인문계열은 9%, 교육 및 예체능 계열은 각각 6%로 나타났습니다.

박사학위 소지자도 갈수록 이과 계열이 압도하는 형국이라 할 수 있네요.

22

행복지수

● OECD 행복지수 순위

순위	국가	순위	국가
1	핀란드	11	오스트리아
2	덴마크	12	호주
3	아이슬란드	13	아일랜드
4	스위스	14	독일
5	네덜란드	15	캐나다
6	룩셈부르크	16	미국
7	스웨덴	17	영국
8	노르웨이	18	체코
9	이스라엘	19	벨기에
10	뉴질랜드	36	한국

〈출처: 지속가능발전해법네트워크(SDSN)〉

우리나라, OECD 38개 국가 중 36위

사람들이 생각하는 행복은 무엇일까요? 행복은 주관적인 생각이지만, 다들 주변에 보면 그리 행복해 보이지 않다는 사람들이 많습니다.

실제 유엔산하 자문기구인 지속가능발전해법네트워크가 공개한 2022년 세계 행복보고서에 따르면 우리나라의 행복지수는 OECD 38개 국가 중 최하위권인 36위에 그쳤습니다.

전세계 146개국을 대상으로 조사한 자료 따르더라도 한국은 59위에 머물렀습니다. 슬픈 현실이죠.

행복지수 상위국가들을 살펴보면 1위는 핀란드, 2위는 덴마크 3위는 아이슬란드 4위는 스위스, 5위는 네털란드 등 유럽 국가들의 행복지수가 상대적으로 높게 나타났습니다.

미국은 16위, 대만은 26위, 일본은 54위이며, 중국은 72위로 나타났네요.

행복은 멀리 있지 않은 바로 가까이에 있는데, 우리들은 너무 행복을 멀리 보는 게 아닐까요.

23

기대수명

●나라별 기대 수명(2022년 기준)

나라	남성	여성
홍콩	82.9	88.0
일본	81.6	87.7
싱가폴	81	86.1
스위스	81.1	85.2
한국	80.5	86.5
이탈리아	80.1	84.7
프랑스	79.2	85.3
영국	79.0	82.9
태국	73.7	81.1
브라질	72.5	79.7
북한	68.8	75.9
소말리아	56.0	59.4

〈출처: World Data〉

한국인 기대수명 남성 80.5세, 여성 86.5세

오늘날 한국에서 태어난 남자 아이는 평균 80.5세까지 살 것입니다. 여성은 86.5세까지이고요. 남성과 여성의 기대 수명 차이는 6살입니다. 월드데이타가 발표한 국가별 기대수명에서 홍콩에 사는 사람들의 기대수명이 가장 큰 것으로 나타났네요. 홍콩 남성의 기대 수명은 82.9세이고 여성은 88.0세입니다. 아이슬란드가 두 번째로 기대수명이 높은 나라인데요. 남성 81.7세, 여성 84.5세입니다. 일본은 남성의 기대 수명이 81.6세이지만 여성은 87.7세로 홍콩 다음이네요. 싱가폴과 마카오 등 아시아 국가들도 평균 81세를 넘길 것으로 예측되는데요. 한국은 남성 80.5세, 여성 86.5세로 나타났습니다. 남성기준으로 프랑스는 79.2세, 영국은 79.0세로 80세가 안 되네요. 독일도 78.6세입니다. 기대수명이 70세 미만(남성기준) 국가로는 이집트, 인도네시아, 네팔 등이고요. 북한도 평균 수명이 68.8세로 나타났네요. 주로 아프리카 국가들의 기대수명이 60세 미만으로 나타났습니다. 소말리아 56.0세, 나이지리아 54.1세, 중앙아프리카는 51.5세로 가장 낮은 기대수명을 보였네요. 1위 홍콩과는 무려 30년 차이가 나네요.

24

말티즈

● 가장 인기있는 강아지(2020년 기준)

순위	품종	특징
1	말티즈	− 이탈리아 출신 − 작고 귀여운 외모
2	푸들	− 털이 덜 빠짐 − 영리하지만 분리불안증 증세
3	포메라니안	− 예쁘고 귀여운 외모 − 성격이 예민
4	믹스견	− 튼튼하다는 장점 − 하이브리드 견종
5	치와와	− 가장 작은 강아지 − 멕시코 출신
6	시츄	− 중국 출신 − 조용하고 얌전하다는 특징
7	골든리트리버	− 대형견 − 온순한 품종
8	진돗개	− 대표 토종견 − 충성심 강함

〈출처: 농림축산식품부〉

한국인들이 가장 사랑하는 강아지

요즘 한집 건너 반려견을 키우는 분들이 많은데요. 농림축산부에 따르면 2021년 전체 1,448만 명이 반려동물을 키운다고 합니다. 5,000만 인구 중에 20% 이상이 반려동물을 키우고 있는 셈이죠. 반려동물 중에 강아지가 80%, 고양이가 20%라고 하네요. 그렇다면 강아지 품종 중에서 어떤 강아지들을 가장 많이 키우고 있을까요.

농림축산식품부에 따르면 우리나라 반려견 품종 중 가장 많이 키우는 종은 이태리산 말티즈(몰티즈)라고 합니다. 2020년 말 기준으로 전체 반려견 가구의 25%가 양육하고 있다네요. 2위는 전체 반려견 가구의 19%가 키우는 푸들이고요. 푸들은 털이 잘 안빠지는 영리한 성격으로 잘 알려져 있죠. 3위는 포메라니안이고요.

4위는 가장 대중적인 품종인 믹스견입니다. 현대식 표현으로 하이브리드 견종이라고 하죠. 5위는 가장 작은 강아지 치와와이고요. 6위는 중국출신의 시츄가 차지했네요. 7위는 대형견인 골든리트리버가 차지했고요. 8위는 우리나라 토종견인 진돗개가 차지했답니다. 진돗개는 전체 반려가구의 3.8%가 키우고 있다네요.

25

피자

● 세계에서 가장 대중적인 음식

순위	음식	원산지	특징
1	피자	이태리	– 18세기 이태리에서 시작
2	초밥	일본	– 일본을 대표하는 요리
3	햄버거	미국	– 독일산 비프 스테이크에서 진화
4	타코	멕시코	– 멕시코의 국가 요리
5	라면	일본	– 1910년 중국요리사가 일본에서 첫 출시
6	당면	중국	– 녹두, 참마, 감자에서 추출한 물과 전문으로 제작
7	두부	중국	– 질감이 치즈와 비슷하고 응고된 두 유로 제작
8	크루아상	프랑스	– 초승달 모양의 패스트리
9	토띠야	멕시코	– 옥수수 재료로 만든 멕시코 전통 빵
10	야키니쿠	일본	– 한입크기 고기와 야채를 테이블 그릴에 요리 – 한국에서 유래

〈출처: TasteAtlas〉

세계에서 가장 인기 있는 음식

치킨, 피자, 족발 등등. 여러분들은 어떤 음식을 가장 좋아하시나요?

음식전문 사이트 'TasteAtlas'라는 곳에서 최근 세계에서 가장 대중적인 음식 10가지를 소개했네요. 1위는 바로 이탈리아가 원조인 피자입니다. 2위는 일본의 초밥이고요. 3위는 미국에서 시작된 햄버거입니다. 원래 햄버거는 독일산 스테이크에서 진화했다고 하네요.

4위는 멕시코의 타코입니다. 타코는 멕시코의 국가요리죠. 5위는 바로 라면입니다. 특이한 것은 라면은 1910년 중국요리사가 일본에서 처음 만들었다고 하네요.

6위는 중국 당면입니다. 7위도 역시 중국에서 처음 등장한 두부이고요. 8위는 빵의 본고장, 프랑스의 크루아상이 꼽혔답니다. 9위는 멕시코의 토띠야가 선정됐고요. 10위는 바비큐 요리인 일본의 야키니쿠라고 합니다.

26

버락 오바마

● 세계에서 가장 존경받은 인물 (2021년)

순위	남성	직업	여성	직업
1	버락 오바마	전 미국 대통령	미셸 오바마	오바마 부인
2	빌게이츠	MS 창업자	안젤리나 졸리	영화배우
3	시진핑	중국 국가주석	엘리자베스 2세	영국 여왕
4	호날두	축구 선수	오프라 윈프리	미국 방송인
5	재키 찬	중국 영화배우	스칼렛 요한슨	미국 영화배우
6	일론 머스크	테슬라 창업자	엠마 왓슨	미국 영화배우
7	리오넬 메시	축구 선수	테일러 스위프트	가수
8	나렌드라 모디	인도 총리	메르켈	독일 전 총리
9	블라디미르 푸틴	러시아 총리	유사프자이 파키스탄	시민 운동가
10	마윈	알리바바 창업자	프리얀카 초프라	인도 영화 배우

〈출처: YouGov〉

전세계인이 가장 존경한 인물

세계에서 가장 존경받는 인물을 매년 조사해 발표하는 YouGov라는 기관에서 2021년도 전세계에서 가장 존경받는 남성으로 전 미국 대통령 버락오바마가 선정됐답니다.

2위는 마이크로소프트 창업자 빌게이츠, 3위는 중국 국가주석 시진핑이 차지했고요, 4위는 축구스타 크리스티아노 호날두, 5위는 중국의 영화배우 성룡, 6위는 테슬라 창업자 일론 머스크, 7위는 축구스타 리오넬 메시가 차지했습니다.

여성부문에서는 1위 역시 버락 오바마의 부인인 미셸 오바마가 뽑혔네요.

2위는 미국 영화배우 안젤리나 졸리, 3위는 엘리자베스 여왕, 4위는 미국의 대표 방송인인 오프라 윈프리, 5위는 영화배우 스칼렛 요한슨이 선정됐네요.

27

2차 세계 대전

● 역사상 최악의 전장

순위	전쟁	연도	사망자수
1	2차 세계 대전	1939년~1945년	7,200만명 사망
2	안녹산의 난	755년~763년	3,600만명 사망
3	몽골 정복 전쟁	13세기~14세기	3,000만~6,000만명 사망
4	명 · 청 전쟁	1616년~1662년	2,500만명 사망
5	태평천국의 난	1851년~1864년	2,000만~3,000만명 사망
6	제1차 세계대전	1914년~1918년	1,500만명 이상 사망
7	티무르 정복전쟁	1369년~1405년	2,000만명 사망
8	중국 딘간 반란	1862년~1877년	1,200만명 사망
9	러시아 남북전쟁	1917년~1921년	900만명 사망
10	제2차 콩고전쟁	1998년~2003년	540만명 사망

〈출처: Borgen〉

역사상 가장 최악의 전쟁

인류 역사상 수많은 전쟁이 일어났고, 셀 수 없이 많은 희생자를 낳았습니다. 그중에서도 가장 최악의 전쟁은 2차 세계대전이죠. 1939년부터 1945년까지 6년간 벌어진 전쟁으로 민간인 포함 7,200만 명이란 엄청난 인명피해가 발생했습니다.

755년 벌어진 당태종 시대에 안녹산의 난은 3,600만 명이란 어마어마한 사망자가 발생한 전쟁이었죠.

징기스칸의 몽골 전쟁 역시 우리 고려 백성들을 포함해 최소 3,000만 명이 희생 당한 참혹한 전쟁이었죠.

이 외 명 · 청 전쟁에 2,500만 명, 태평천국의 난에도 2,000만 명이 희생당하는 등 중국에서만 엄청난 수의 인명피해가 발행했죠.

1914년부터 1918년까지 벌어진 1차 세계 대전도 유럽대륙에서만 1,500만 명 이상의 사망자가 발행했습니다.

전쟁은 인류 역사에 수많은 젊은이들을 희생시켰습니다.

28

출생아

● 연도별 출생아 수

연도	출생아	연도	출생아
1950년	633,976명	1987년	623,831명
1953년	777,186명	1991년	709,275명
1958년	993,628명	1996년	691,226명
1959년	1,016,173명	1998년	641,594명
1960년	1,080,535명	2001년	559,934명
1971년	1,024,773명	2002년	496,911명
1972년	952,780명	2011년	471,265명
1979년	862,669명	2012년	484,550명
1983년	769,155명	2017년	357,771명
1984년	674,793명	2020년	272,337명

〈출처: 통계청〉

연간 100만, 40여년 만에 20만 명대

저출산, 고령화 문제가 심각한 이슈로 떠오르는 현재 출생 아수는 현저히 줄어들고 있습니다.

통계상으로 살펴봤을 때 전쟁직후인 1953년 이후부터 베이비붐 세대들이 등장했는데요. 통계청 기록에 보면 1958년 소위 '개띠' 출생인구가 99만 명에 달하며, 1959년 100만 명을 넘어선 뒤 1971년에는 102만 명이 태어났습니다.

하지만 1970년 초를 기점으로 출생아 수는 계속해서 줄어들었는데요, 1983년 77만 명, 1984년 67만 명으로 줄어들었고, 2001년에는 60만 명도 무너지면서 56만 명으로 줄어들었습니다. 1960년대와 비교해 40여년 만에 거의 절반으로 줄어든 셈이죠.

하락추세는 지속되더니 2012년 황금돼지띠해에 48만 명으로 잠깐 상승하더니 이후 계속 줄어들어 2017년 36만 명, 2020년도에는 27만 명으로 감소했습니다. 역대 최고였던 1960년 108만 명과 비교하면 60년 만에 출생아 수는 3분의 1 이하로 떨어진 셈입니다. 긴급 대책이 필요합니다.

PART 2

Culture

29

라흐마니노프

● 한국인이 사랑하는 클래식 음악

순위	클래식 음악
1위	라흐마니노프 / 피아노협주곡 2번
2위	베토벤 / 피아노협주곡 5번
3위	베토벤 / 교향곡 5번
4위	베토벤 / 교향곡 5번
5위	비발디 / 사계
6위	차이코프스키 / 바이올린 협주곡
7위	바흐 / 무반주 첼로 협주곡
8위	드보르작 / 교향곡 9번
9위	베토벤 / 교향곡 7번
10위	모차르트 / 클라리넷 협주곡 A장조

〈출처: KBS〉

한국인이 사랑하는 클래식 음악

한국인들이 가장 사랑하는 클래식 음악은 무엇이 있을까요? 여러분은 어떤 클래식 음악이 떠오르시나요?

KBS 클래식 FM 자료를 볼까요. 2015년도에 조사한 자료인데요, 한국인들이 가장 좋아하는 클래식은 라흐마니노프의 피아노 협주곡 2번이라고 하네요.

가장 좋아하는 작곡가는 베토벤이고요. 베토벤의 피아노 협주곡 5번, 교향곡 5, 9번 등도 사랑받는 클래식으로 꼽혔습니다.

비발디 사계도 많이 듣는 클래식이죠. 바흐의 무반주 첼로곡, 드보르작의 교향곡 9번 등도 사랑받는 클래식 음악이랍니다.

시드니

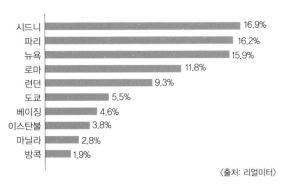

● 가장 가보고 싶은 해외 도시

도시	비율
시드니	16.9%
파리	16.2%
뉴욕	15.9%
로마	11.8%
런던	9.3%
도쿄	5.5%
베이징	4.6%
이스탄불	3.8%
마닐라	2.8%
방콕	1.9%

〈출처: 리얼미터〉

가장 가보고 싶은 해외 도시

우리나라 사람들이 가장 가보고 싶은 해외 도시로 호주 시드니가 꼽힌 자료가 있네요.

여론조사기관 리얼미터의 2015년 조사에 따르면 한국인이 가장 가보고 싶은 도시로 1위가 호주의 시드니, 2위는 프랑스 파리, 3위는 미국의 뉴욕, 4위는 이태리 로마, 5위는 영국 런던이 선정됐습니다.

호주를 제외하고는 주로 유럽 쪽 역사와 전통의 도시들을 가장 가보고 싶어 하는 것으로 조사됐네요.

5위권 밖으로는 일본 도쿄, 중국 베이징, 터키 이스탄불, 필리핀 마닐라, 태국의 방콕을 선호한다고 하네요.

코로나 위험에서 완전히 벗어나 어서 빨리 해외여행을 마음껏 자유롭게 다닐 날을 기대해 봅니다.

섬

● 코스별 33개 섬 여행지

순위	걷기 좋은 섬	사진찍기 좋은 섬	이야기 섬	쉬기 좋은 섬	체험의 섬
1	풍도/안산	위도/부안	교동동/인천	죽도/홍성	선유도/군산
2	삽시도/보령	송이도/영광	고대도/보령	연화도/통영	가우도/강진
3	방죽도/군산	소안도/완도	가사도/진도	이수도/거제	사호도/고흥
4	연홍도/고흥	임하도/해남	한산도/통영		임자도/신안
5	장도/완도	자은도/해남	지심도/거제		중도/여수
6	모두/진도	병풍도/신안			욕지도/통영
7	기점, 소악도/신안	울릉도/울진			
8	반월, 박지도/신안	장사도/통영			
9	사랑도/통영	우도/제주			
10	내도/거제				

〈출처: 행정안전부〉

걷기 좋은 섬은 풍도, 삽시도, 방축도

코로나로 심신이 피폐해지는 몇 해를 지내면서 마음의 평안을 찾기 딱 알맞은 여행지를 꼽으라면 섬 여행을 들 수 있겠죠. 행정안전부에서 섬 여행지로 추천한 33개 섬을 한번 가보는 것은 어떨까요.

행안부가 최근 자료에서 우리나라 섬들을 걷기 좋은 섬, 사진찍기 좋은 섬, 이야기 섬, 쉬기 좋은 섬, 체험의 섬 등으로 분류했네요. 가령 걷기 좋은 섬으로는 풍도, 삽시도, 방죽도 등이 꼽혔으며, 사진찍기 좋은 섬으로는 우도, 울릉도, 소안도, 장사도 등이 있네요.

사회적 거리두기도 실천하고, 즐거운 여행도 즐길 수 있는 섬 여행지로 한번 떠나보세요.

그랜드 캐니언

순위	여행지 지역
1	그랜드 캐니언 / 미국
2	그레이트 배리어 리프 / 호주
3	디즈니 월드 / 미국
4	뉴질랜드 남섬 / 뉴질랜드
5	케이프 타운 / 남아공
6	황금 사원 / 인도
7	라스베이거스 / 미국
8	시드니 / 호주
9	뉴욕 / 미국
10	타지마할 / 인도

〈출처: BBC〉

죽기 전에 꼭 가봐야 할 여행지 1위

영국의 공영방송 BBC가 죽기 전에 꼭 가봐야 할 여행지 50곳을 선정한 자료가 있네요. 코로나로 해외여행이 자유롭지는 않지만, 그래도 언젠가는 마음 놓고 전세계 구석구석을 다닐 날이 반드시 오리라 생각됩니다.

BBC에서 선정한 여행지 1위는 미국의 '그랜드 캐니언'입니다. 콜로라도 강의 급류가 만들어낸 최고의 내추럴 아트라고 할 수 있죠.

2위는 호주의 그레이트 배리어 리프, 3위는 미국 플로리다에 있는 디즈니 월드, 4위는 뉴질랜드 남섬, 5위는 남아공에 위치한 케이프타운, 6위는 인도의 황금사원 타지마할이라고 합니다. 아쉽게도 한국은 빠져있네요.

피사의 사탑

● 타임 선정 세계 10대 불가사의 건축물

순위	건축물	국가
1	피사의 사탑	이탈리아
2	캐피탈 게이트	아랍에미레이트
3	워조코 아파트	네덜란드
4	메테오라 수도원	그리스
5	푸에르타 데유로파	스페인
6	페트라의 건축물	요르단
7	아스트라 양조장	독일
8	나무 위 찻집	일본
9	파두츠 성	리히텐슈타인
10	쉬안쿵사	중국

〈출처: 타임〉

세계 10대 불가사의 건축물 1위

고대로부터 현재까지 전세계적으로 인상 깊은 건축물들이 있는데요. 보기만 해도 감탄사가 흘러나오지만, 말로 설명할 수 없는 불가사의한 건축물들도 많답니다.

미국의 시사주간지 타임지에서 선정한 세계 10대 불가사의 건축물에는 1위로 이탈리아 피사의 사탑, 2위는 아랍에미레이트의 수도 아부다비에 있는 캐피탈 게이트 빌딩입니다.

네덜란드에 있는 워조코 아파트도 불가사의한 건축물로 꼽히고 있고요. 그리스의 메테오라 수도원, 스페인의 푸에르타 데유로파 건축물도 불가사의한 건축물로 선정됐답니다.

34

쿠푸왕 피라미드

● 고대 7대 불가사의 건축물

순위	건축물	지역
1	쿠푸왕의 피라미드	기자의 사막고원
2	공중정원	바빌로니아 수도
3	제우스상	올림피아
4	아르테미스 신전	에페소스
5	마우솔레움	터키
6	로도스의 거상	그리스
7	알렉산드리아 등대	이집트

〈출처: World Data〉

고대 7대 불가사의 건축물 1위

기원전 2세기 그리스 시인 안티파트로스가 당시에 놀랄만한 건축물을 소개한 것에 유래해 고대 7대 불가사의가 만들어졌다고 하네요.

이집트 쿠푸왕의 피라미드를 비롯해 메소포타미아 바빌론의 공중정원, 올림피아 제우스상, 에페소스의 아르테미스 신전 등이 고대 불가사의 건축물로 알려지고 있습니다.

하지만 현재 고대 불가사의 건축물 가운데 피라미드를 제외하고는 15세기 이전에 화재나 지진 등 천재지변으로 파괴되어 상상속의 그림만으로 남게 됐다는 사실.

35

에베레스트

●세계에서 가장 높은 산

순위	산	높이	국가
1	에베레스트	8,850m	네팔/중국
2	K2	8,611m	파키스탄/중국
3	칸첸중가	8,586m	네팔/인도
4	로체	8,516m	네팔
5	마칼루	8,463m	네팔
6	초오유	8,188m	네팔/중국
7	다울라기리	8,167m	네팔
8	마나슬루	8,163m	네팔
9	낭가파르바트	8,125m	파키스탄
10	안나푸르나	8,091m	네팔

세계에서 가장 높은 산

여러분은 세계에서 가장 높은 산이 어디라고 생각하시나요? 짐작대로 세계 최고봉은 중국과 네팔 국경에 위치한 에베레스트 산이랍니다. 높이가 무려 8,850m라고 하네요. 한라산이 1,950m이니까, 에베레스트 산은 한라산보다 4.5배 정도 높다고 할 수 있네요.

2위는 중국과 파키스탄 경계지역 카라코람산맥에 위치한 K2로서 높이는 8,611m입니다.

3위는 칸첸중가(8,586m)이고요, 네 번째로 높은 산은 에베레스트 남쪽에 위치한 로체라는 산이랍니다.

가장 높은 산들은 대부분 아시아에 위치해 있고요. 특히 네팔에만 8개 산이 있네요.

36

성경

● 역대 베스트셀러 Top 10

순위	제목	판매부수	저자
1	성경	39억권	미상
2	마오쩌둥 어록	8억2,000만권	마오쩌둥
3	해리포터 시리즈	4억권	J.K 롤링
4	반지의 제왕	1억권	JRR 돌킨
5	연금술사	6,500만권	파울로 코엘류
6	다빈치 코드	5,700만권	댄 브라운
7	트와일라잇	4,300만권	스데프니 메이어
8	바람과 함께 사라지다	3,300만권	마거릿 미첼
9	나의 꿈 나의 인생	3,000만권	나폴리언 힐
10	안네의 일기	2,700만권	안네

〈출처: Squidoo.com〉

역대 베스트셀러 1위

마케팅 전문사이트 Squidoo.com이 2016년에 발표한 바에 따르면 지난 50년간 제일 많이 팔린 책은 『성경』이라고 합니다. 성경은 무려 39억 권이 팔렸다네요.

2위는 8억 2,000만 권이 판매된 『마오쩌둥 어록』이고요, 중국 인구가 10억이 넘는다고 하니 예상 가능한 수치이죠.

3위는 4억 권이 팔린 『해리포터 시리즈』 4위는 『반지의 제왕』(1억 권), 5위는 파울로 코엘류의 『연금술사』(6500만 권)라고 하네요.

37

달러구트 꿈 백화점

● 국내 베스트셀러 Top 10 (2021년)

순위	제목	저자	분야
1	달러구트 꿈 백화점	이미예	소설
2	주린이가 가장 알고 싶은 최대질문 77	염승환	경제경영
3	미드나잇 라이브러리	매트 헤이크	소설
4	조국의 시간	조국	정치사회
5	소크라테스 익스프레스	에릭와이너	인문
6	공정하다는 착각	마이클 센델	인문
7	2030축의 전환	마우로기엔	경제경영
8	달러구트 꿈 백화점2	이미예	소설
9	완전한 행복	정유정	소설
10	헤커스 토익 기출 보카	데이비드 초	토익토플

〈출처: 교보문고〉

교보문고에서 집계한 2021년 국내 판매된 책 중에 1위는 소설로서 이미예 작가의『달러구트 꿈 백화점』입니다. 이미예 작가가 쓴『달러구트 꿈 백화점 2』는 베스트셀러 8위에도 올려났네요.

2위는 주식열풍을 타고 투자 전문가 염승환 씨가 쓴『주린이가 가장 알고 싶은 최다질문 TOP 77』이 차지했네요.

3위는 매트 헤이그의 소설『미드나잇 라이브러리』가 차지했고요. 4위는 조국 전 법무장관이 쓴『조국의 시간』이 베스트셀러에 올랐습니다.

5위는 인문서적으로서 에릭 와이너의『소크라테스 익스프레스』순이었습니다.

남극

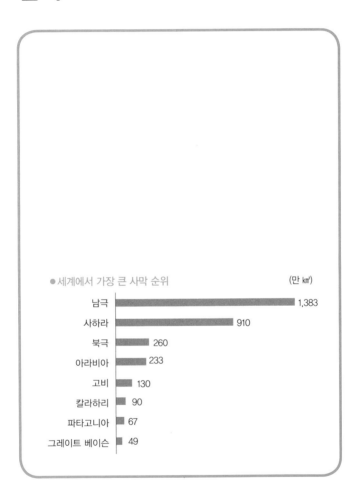

● 세계에서 가장 큰 사막 순위 (만 ㎢)

사막	면적
남극	1,383
사하라	910
북극	260
아라비아	233
고비	130
칼라하리	90
파타고니아	67
그레이트 베이슨	49

세계에서 가장 광대한 사막

세계에서 가장 큰 사막은 남극이랍니다. 남극은 면적이 무려 1,383만㎢에 달하죠.

2위는 아프리카에 위치한 사하라 사막이네요. 역시 면적이 910만㎢입니다.

3위는 북극이 차지했고요, 4위는 아시아에 위치한 아라비아 사막이네요.

5위는 몽골과 중국에 걸쳐 있는 고비 사막이고요. 6위는 아프리카에 위치한 칼라하리 사막이라고 합니다. 이 외에 파타고니아, 그레이트 베이슨 사막 등이 있네요.

39

러시아

●가장 면적이 넓은 나라 순위

순위	국가	면적(천㎢)
1	러시아	17,098
2	캐나다	9,984
3	미국	9,833
4	중국	9,600
5	브라질	8,515
6	호주	7,692
7	인도	3,166
8	아르헨티나	2,780
9	카자흐스탄	2,724
10	알제리	2,381

세계에서 면적이 가장 큰 나라

러시아가 우크라이나를 침공해서 국제 사회의 많은 비난을 받고 있죠.

러시아는 세계에서 가장 넓은 면적을 지닌 나라랍니다. 전 세계 면적의 3.3%가 러시아 땅이라고 하니 엄청나죠.

2위는 캐나다이고요. 3위는 미국입니다. 4위는 중국이고요. 5위는 브라질, 6위는 호주, 7위는 인도, 8위는 아르헨티나, 9위는 카자흐스탄, 10위는 알제리라고 하네요.

참고로 우리나라는 북한을 제외하면 전세계 국가 중 110위입니다. 세계에서 봤을 때 한국은 정말 작은 나라죠.

40

중국

● 인구가 가장 많은 나라 순위

순위	국가	인구수(백만명)
1	중국	1,412
2	인도	1,387
3	미국	333
4	인도네시아	271
5	파키스탄	225
6	브라질	214
7	나이지리아	211
8	방글라데시	172
9	러시아	145
10	멕시코	126
11	일본	125
27	한국	51

〈출처: 통계청〉

세계에서 가장 인구가 많은 나라

중국은 세계에서 가장 인구가 많은 나라입니다. 중국의 인구는 2021년 기준으로 14억 명이라고 하네요. 2위는 인도이며, 13억9,000만 명입니다. 중국과 인도 인구를 합하면 28억 명이 되네요. 전세계 인구가 대략 80억 명이라고 한다면, 중국과 인도인의 전체 지구인의 35%를 차지한다니 엄청나죠.

3위는 3억3,000만 명의 미국인이고요. 4위는 2억7,000만 명의 인도네시아. 5위는 2억2,000만 명의 파키스탄, 6위는 2억 1,000만 명의 브라질이라고 합니다.

참고로 대한민국의 인구수는 2021년 기준으로 5,100만 명으로서 전세계 27위에 랭크돼 있습니다.

나일강

●세계에서 가장 긴 강 Top 10

순위	강	길이(km)	지역
1	나일	6,650	아프리카
2	아마존	6,400	남미
3	장강	6,300	중국
4	미시시피	6,270	미국
5	예니세이	5,550	러시아/몽골
6	오비	5,550	러시아
7	황하	4,667	중국
8	아무로	4,368	중국
9	자이르강	4,371	콩고
10	레나	4,260	러시아

통계로 보는 세상

길이가 무려 6,650km, 한강의 10배

세계적으로 아주 많은 강들이 있죠. 이중에서 제일 긴 강은 나일강인데요. 길이가 무려 6,650km라고 하네요.

2위는 남미의 아마존강으로 길이가 6,400km입니다. 3위는 중국의 장강(6,300km), 4위는 미국의 미시시피강(6,270km), 5위는 러시아의 에니세이강(5,550km)입니다.

이 외에 러시아의 오비강, 중국의 황하강, 러시아·중국·몽골로 이어지는 아무르강, 콩고에 있는 자이르강, 러시아의 레나강 순이랍니다.

참고로 한강 길이는 508km입니다. 나일강에 비해 10분의 1밖에 안되네요.

42

맨부커상

●역대 맨부커 국제상 수상작

년도	작가	국적
2021년	다비드 비옵	프랑스
2020년	마리커 뤼카스 레이네벨트	네덜란드
2019년	조카 알 하르티	오만
2018년	올가 토카르추크	폴란드
2017년	다비드 그로스만	이스라엘
2016년	한강	대한민국
2015년	크러스너호르커이 라슬로	헝가리
2013년	라디아 데이비스	미국
2011년	필립로스	미국
2009년	앨리스 먼로	캐나다
2007년	치누아 아체베	나이지리아
2005년	이스마일 카다레	알바니아

노벨문학상, 콩쿠르상과 함께 세계 3대 문학상

'맨부커상'(Man Booker Prize)은 1969년 영국의 유통 거부 부커가 제정한 문학상으로 노벨문학상, 프랑스 콩쿠르 문학상과 함께 세계 3대 문학상으로 꼽히는 권위 있는 문학상이죠. 상금액만도 5만 파운드로 가장 비싼 상금이라고 합니다.

부커상은 원래 영어로 쓰인 소설만 대상으로 하다가 2016년부터 영어 소설뿐 아니라 영어로 번역돼 영국에서 출판된 소설도 모두 포함한답니다.

우리나라 작가로는 한강이 2016년에 소설 『채식주의자』(The Vegetarian)로 맨부커 국제상을 수상한 바 있습니다. 2022년도 다시 한국 소설가 정보라의 『저주토끼』가 최종 후보에 선정됐다고 하네요.

한국의 문학 수준이 국제적인 평가를 받는다는 점에서 의미가 크다 하겠습니다.

43

카카오톡

● 2000년대 최고 발명품

순위	제품	출시 연도
1	카카오톡	2010년
2	5G 스마트폰	2019년
3	코로나 검진 드라이브 스루	2020년
4	의류관리기 스타일러	2011년
5	얼음정수기	2003년
6	롤러블 TV	2019년
7	온수매트	2007년
8	폴더블 스마트폰	2019년
9	불닭 볶음면	2011년
10	K-워크스루	2020년

〈출처: 매일경제신문, 한국발명진흥회〉

2000년대 최고 발명품

매일경제신문과 한국발명진흥에서 2000년대 최고 발명품을 조사했는데요. 1위는 국민 메신저 '카카오톡'이 차지했네요. '까톡까톡'소리가 이젠 전혀 어색하지 않죠. 2위는 2019년 선보인 '5G 스마트폰'이 차지했고요.

3위는 '코로나 검진 드라이브 스루'가 차지했네요. 코로나 팬더믹 기간 중 K방역을 대표하는 발명품이 바로 '드라이브 스루'였죠.

4위는 의류관리기 '스타일러'. 5위는 '얼음정수기'가 꼽혔네요. 6위는 '롤러블 TV'가 차지했습니다.

이 외 온수매트, 폴더블 스마트폰, 불닭 볶음면, K-워크스루 순위로 조사됐네요. 카카오톡과 불닭볶음면은 참 의외죠.

주판

● 세계를 바꾼 10대 발명품

순위	제품	발명년도
1	주판	190년
2	아르키메데스의 나선식 펌프	BC 700년
3	아스피린	1899년
4	아타리2600 가정용 게임기	1977년
5	가시철조망	1873년
6	바코드	1973년
7	건전지	1800년
8	자전거	1861년
9	바이로(최초의 볼펜 상표)	1938년
10	블랙베리	1999년

〈출처: 영국 일간지 인디펜던트〉

세상을 바꾼 최고의 발명품

영국의 일간지 인디펜던트가 발표한 세상을 바꾼 101가지 발명품을 발표했는데요.

1위는 중국 한나라 때 처음 사용한 '주판'이 차지했네요. 주판은 지금도 전자계산기보다 연산 능력이 뛰어나다고 하죠.

2위는 고대 그리스의 수학자 아르키메데스가 발명한 나선식 펌프가 차지했네요. 3위는 바로 아스피린이 차지했고요. 4위는 가정용 게임기인 아타리2600이 차지했습니다.

가시 철조망, 바코드, 건전지, 자전거, 최초의 볼펜, 블랙베리 등이 10위안에 선정됐습니다.

이 외 활과 화살, 브래지어, 단추, 캠코더, 카메라 등도 세상을 바꾼 발명품으로 포함됐네요.

45

돈

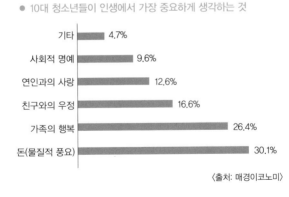

● 10대 청소년들이 인생에서 가장 중요하게 생각하는 것

기타	4.7%
사회적 명예	9.6%
연인과의 사랑	12.6%
친구와의 우정	16.6%
가족의 행복	26.4%
돈(물질적 풍요)	30.1%

〈출처: 매경이코노미〉

요즘 10대 인생에서 가장 중요한 것

요즘 10대들이 가장 중요하게 생각하는 것은 돈이라고 하네요. 좀 씁쓸하죠.

매경이코노미가 10대 청소년 대상으로 조사한 내용인데요. 10대들에게 가장 중요한 것은 무엇이냐는 질문에 30.1%가 돈이라고 꼽았고, 가족의 행복이라는 응답은 26.4%, 친구와의 우정은 16.6%로 조사됐네요.

이 외에 12.6%는 연인과의 사랑, 9.6%는 사회적 명예라고 응답했답니다. 돈이 제일 중요한 가치라고 여기는 청소년들이 늘어난다는 것은 그만큼 사회가 건강하지 못하다는 의미로도 해석될 수 있는데요.

아무래도 어른들의 반성이 필요해 보이는 대목입니다.

46

네덜란드

● 국가별 인당 커피소비량(2020년)   (단위: kg)

국가	소비량
네덜란드	8.3
핀란드	7.8
스웨덴	7.6
노르웨이	5.5
캐나다	5.5
레바논	5.3
독일	5.2
브라질	5.1
미국	3.5
한국	1.8

〈출처: Statista〉

세계 최대 커피 소비국

커피가 생활의 일부인 것처럼 일상화되면서 소비량도 계속 증가 추세인데요. 우리나라뿐만 아니라 전세계적으로도 커피를 마시는 사람들이 크게 늘고 있다고 합니다.

국제커피기구라는 데서 조사를 해봤더니, 지난 10년간 커피 소비가 연평균 2.1%씩 늘어나고 있다네요. 매일 20억 잔의 커피를 마신다니 대단하죠.

시장조사기관인 Statista에 따르면 2020년 기준으로 전세계에서 가장 커피를 많이 마시는 나라는 네덜란드로 조사됐네요. 커피한잔인 평균 331g인데, 네덜란드 사람들은 인당 8.3kg을 마신답니다. 다음으로 핀란드가 7.8kg, 스웨덴 7.6kg 등 유럽 사람들이 커피를 즐겨 마시고 있답니다.

우리나라도 커피 소비량이 많아지고 있지만, 실제 1인당 커피 소비량은 1.8kg로 전세계 국가 중 57위에 해당한답니다.

커피를 많이 마시고는 있지만 여전히 커피를 꺼려하는 층도 많다는 소리죠.

47 가스라이팅

●새로운 신조어

순위	단어	간단한 의미
1	가스라이팅	타인의 심리를 악용하는 기법
2	테이퍼링	경기침체기에 대비한 부작용 완화 전략
3	위드 코로나	코로나 코로나와 일상생활을 같이
4	네거티브	마구잡이 음해성 발언과 행동
5	티키타카	서로 호흡이나 죽이 잘 맞는 경우
6	깐부	같은 팀
7	언택트	비대면
8	치팅데이	다이어트 기간 중 하루 평상식을 하는 날
9	손절	더 이상 의미없는 경우 포기
10	밀키트	반조리된 음식

〈출처: 네이버오픈사전 등록기준, 2021년〉

네이버 등록 신조어 1위

네이버에는 어떤 신조어가 새롭게 등재될까요? 이와 관련 2021년 자료를 보면 1위는 바로 '가스라이팅'이라고 합니다.

가스라이팅은 타인의 마음을 조작해 결국 파국으로 몰아가는 심리학 용어인데요. 최근 가스라이팅 관련 뉴스가 많이 나왔죠.

2위는 경제용어인 '테이퍼링'이 차지했네요. 테이퍼링은 경기 침체기에 경기회복을 위해 내놨던 각종 경기활성화 정책과 과잉 공급된 유동성을 거둬들이는 전략을 의미합니다.

3위는 코로나 시대와 같이 하자는 '위드코로나', 4위는 부정적인 뜻으로 쓰이는 '네거티브', 5위는 탁구시합에서 유래된 서로 죽이 잘맞는 경우를 뜻하는 '티키타카'가 선정됐네요. 6위는 오징어 게임으로 떠오른 단어인 공동 팀을 의미하는 '깐부', 7위는 비대면을 의미하는 '언택트'가 선정됐습니다. 8위는 다이어트 중에 날을 정해 탄수화물을 보충하는 '치팅데이', 9위는 가능성이 낮은 경우 포기한다는 의미의 '손절', 10위는 반요리된 상태의 제품인 '밀키트'가 선정됐답니다.

48

도스토예프스키

●역대 최고의 작가

순위	작가	국적	주요 작품
1	도스토에프스키	러시아	– 죄와 벌/ 카라마조프의 형제 등
2	톨스토이	러시아	– 전쟁과 평화/ 안나 카레리나 등
3	세익스피어	영국	– 햄릿/ 리어왕 등
4	호메르스	그리스	– 일리아드/오딧세이
5	찰스 디킨스	영국	– 올리버 트위스트/ 크리스마스 캐럴
6	J.R.R 톨킨	미국	– 반지의 제왕
7	마크 트웨인	미국	– 톰소여의 모험/ 허클베리핀의 모험
8	에드커 앨런 포	미국	– 모르그가의 살인/ 어서가의 몰락
9	조지 오웰	영국	– 동물농장/ 1984년
10	플라톤	그리스	– 파이돈/ 국가
11	프란츠 카프카	헝가리	– 변신/ 성
12	빅토로 위고	프랑스	– 레미제라블/ 노틀담의 꼽추

〈출처: Ranker〉

역대 최고의 작가

역대 최고의 작가가 누구인지는 사실 의미가 없죠. 사람마다 자신만이 생각하는 최고의 작가가 있으니까요. 그렇다 하더라도 사람들은 어떤 작가를 역대 최고의 작가라고 생각할까요? '랭커'라는 기관에서 조사한 자료가 있는데요. 누구나 공감하실거예요.

1위는 바로『죄와 벌』의 작가 러시아 출신 도스토예프스키가 선정됐네요. 2위는『전쟁과 평화』『안나 카레리나』를 쓴 러시아 작가 톨스토이가 선정됐고요. 3위는『로미오와 줄리엣』『햄릿』등을 저술한 영국의 윌리엄 세익스피어가 선정됐답니다. 4위는『일리아드』『오딧세이』를 저술한 그리스의 호메로스가 차지했네요. 5위는『크리스마스 캐롤』을 저술한 찰스 디킨스, 6위는『반지의 제왕』의 저자 J.R.R 톨킨이 선정됐습니다. 7위는『톰소여의 모험』『허클베리핀의 모험』이란 소설을 쓴 마크 트웨인이랍니다. 8위는 추리소설의 대가 에드거 앨런 포, 9위는『1984년』『동물농장』을 저술한 조지 오웰, 10위는 그리스의 철학자 플라톤, 11위는 프란츠 카프카가 선정됐답니다. 12위는『레미제라블』의 저자 빅토르 위고가 선정됐네요. 누구나 한번쯤 이 분들의 소설을 읽은 경험이 있겠죠.

49

중산층

●나라별 중산층 기준

국가	기준
한국	- 30평대 아파트 - 월수입 500만 원 - 잔고 1억 원 이상 - 중형자동차 - 해외여행 가능 여부
프랑스	- 외국어 한 개 이상 - 다룰 줄 아는 악기 - 직접 참여하는 스포츠 - 나만이 가능한 요리 - 공분에 의연히 참여 - 약자의 입장, 봉사 등
영국	- 페어플레이 - 자신의 주장과 신념 - 독선적 행동 자제 - 약자에 약하고 강자에 강함 - 불의, 불평, 불법에 의연한 대처
미국	- 자신의 주장에 의연 - 사회적 약자 편 - 부정과 불법에 저항

한국은 잔고 1억, 영국은 페어플레이

중산층에 대한 기준은 국가별로 다릅니다. 우선 프랑스는 퐁바두 전 대통령이 제시한 기준이 있는데요. 첫째 외국어 하나 정도 하고 둘, 직접 즐기는 스포츠가 있고 셋, 다루는 악기가 있으며, 넷, 남들과는 다른 맛을 낼 수 있는 요리를 만들 수 있고 다섯, 공분에 의연히 참여할 수 있으며, 여섯, 약자를 도우며 봉사활동을 꾸준히 할 수 있어야 중산층이라고 하네요.

영국은 옥스퍼드 대학에서 제시한 기준인데, 첫째 페어플레이를 할 줄 알고, 둘째, 자신의 주장과 신념을 가지며 셋, 독선적으로 행동하지 말고 넷, 약자를 두둔하고 강자에 대응할 줄 알며, 다섯, 불의, 불평, 불법에 의연히 대처할 수 있어야 한다고 하네요.

미국의 경우 자신의 주장에 떳떳하고 사회적 약자를 도울 줄 알며, 부정과 불법에 저항할 줄 알아야 합니다.

한국은 어떨까요. 모 구직사이트에서 중산층 기준을 제시했는데, 부채 없는 30평대 아파트를 보유하고 월급여 500만원 이상, 중형 자동차를 끌고, 1억 원 이상의 잔고를 보유, 일 년에 몇차례 해외여행을 다닐 수 있어야 중산층이라고 합니다. 여러분들이 생각하는 중산층 기준은 무엇인가요.

50

모나리자

● CNN 선정 역대 그림 걸작 10선

순위	그림	작가	제작년도
1	모나리자	레오나르드 다빈치	1503년
2	최후의 만찬	레오나르드 다빈치	1495년
3	별이 빛나는 밤에	빈센트 반 고흐	1889년
4	절규	에드바르 뭉크	1893년
5	게르니카	파블로 피카소	1937년
6	키스	구스타프 클림크	1907년
7	진주 귀고리를 한 소녀	요하네스 페르메이르	1665년
8	비너스의 탄생	산드로 보티첼리	1485년
9	시녀들	디에고 벨라스케스	1656년
10	아담의 창조	미켈란젤로 부오나로티	1508년

〈출처: CNN〉

역대 최고의 그림

미술, 음악은 인류 역사와 맥을 같이 한다고 볼 수 있죠. 그렇다면 역대 최고의 그림은 무엇일까요.

CNN이 지난 2019년에 구글에서 제일 많이 검색한 그림 TOP 10을 발표했는데, 1위는 바로 레오나르드 다빈치의 '모나리자'라고 합니다. 두말할 필요가 없죠. 2위 역시 다빈치의 역작인 '최후의 만찬'이 선정됐으며, 3위는 반고흐의 '별이 빛나는 밤에'가 차지했네요.

4위는 에드바르 뭉크의 역작인 '절규'가 차지했고요. 5위는 피카소의 '게르니카'가 뽑혔네요. 6위는 구스타프 클림크의 '키스'가 꼽혔으며, 7위는 요하네스 페르메이르의 '진주 귀고리를 한 소녀', 8위는 보티첼리의 '비너스의 탄생', 9위는 디에고 벨라스케스 작품인 '시녀들', 10위는 미켈란젤로 부오나로티 작품인 '아담의 창조'가 선정됐습니다.

51

시

●한국 최고의 시인

순위	작가	활동 시기	주요 작품
1	김소월	일제 강점기	엄마야 누나야, 금잔디
2	서정주	일제 강점기	국화옆에서, 귀촉도
3	정지용	일제 강점기	향수, 고향
4	김수영	해방 이후	달나라의 장난, 푸른하늘을
5	백석	일제 강점기	나와 나타샤와 흰 당나귀
6	한용운	일제 강점기	님의 침묵
7	김춘수	해방 이후	꽃, 구름과 장미
8	이상	일제 강점기	오감도, 거울
9	박목월	일제 강점기	나그네, 이별의 노래
10	윤동주	일제 강점기	서시, 별 헤는 밤

〈출처: 시인세계〉

한국 최고 시인은 '소월'

한국 역사 속에 무수히 많은 시인들이 있죠. 그중에서도 가장 탁월한 시인은 누구였을까요. 시전문 계간지 『시인세계』가 현역시인과 문학평론가 100인으로부터 투표한 결과에 따르면 1위는 김소월 시인으로 뽑혔습니다. 소월은 많은 작품을 남긴 한국 최고의 시인으로 '진달래꽃'을 비롯해 '엄마야 누나야', '금잔디' 등의 시를 지었습니다.

2위는 미당 서정주 선생이 선정됐고요. 3위는 '향수', '고향' 등의 서정시로 유명한 정지용 시인, 4위는 생활속 시인으로 유명한 김수영 시인이 선정됐습니다.

5위는 '나와 나타샤와 흰 당나귀'로 유명한 백석 시인이 차지했고, 6위는 저항시인 한용운 선생이 차지했습니다. 7위는 시인들이 가장 많이 암송하는 '꽃'의 저자인 김춘수 시인이 선정됐네요.

8위는 천재 시인 이상, 9위는 자연친화적인 시인 박목월이 선정됐네요. 10위는 '서시', '자화상'을 지은 윤동주 시인이 선정됐네요.

위대한 시인들의 시 구절은 늘 우리 마음을 위로해 줍니다.

52

치킨

● 최고의 한식

구분	1위	2위	3위	4위	5위
외국인이 좋아하는 한식	한국식 치킨	김치	비빔밥	불고기	떡볶이
가장 많이 먹어본 한식	한국식 치킨	김치	비빔밥	불고기	떡볶이
한국인이 가장 좋아하는 한식	김치찌개	된장찌개	불고기	김치	−

〈출처: 농림식품부〉

외국인이 가장 좋아하는 한식

된장찌개, 김치, 불고기 등등. 한국을 대표하는 다양한 한식들이 있지요. 외국인들이 가장 선호하는 한식은 과연 무엇일까요.

농림식품부가 2020년 전세계 시민 8,500명을 대상으로 한 조사 자료가 있네요. 이 자료에 따르면 외국인이 가장 선호하는 한식으로 한국식 치킨이 꼽혔습니다. 다음으로 김치, 비빔밥, 불고기, 떡볶이 순으로 조사됐습니다.

한식을 먹어본 경험이 있는 응답자를 대상으로 가장 많이 먹는 한식을 조사한 결과, '한국식 치킨'이라고 답한 비율이 30.0%로 가장 높았네요. 이어 김치(27.7%), 비빔밥(27.2%), 떡볶이(18.0%), 김밥(15.5%) 등의 순이었습니다.

한편 한국인이 가장 좋아하는 한식으로는 김치찌개, 된장찌개, 불고기, 김치 순으로 조사됐네요.

53

칼 마르크스

세계에서 가장 영향력 있는 철학자 10인

순위	인물	활동연대	특징
1	칼 마르크스	19세기	사회주의 사상가
2	데이비드 흄	18세기	영국의 경험론자
3	비트겐슈타인	20세기	분석철학의 대가
4	프리드리히 니체	19세기	철학자, 문헌학자
5	플라톤	고대 그리스	철학자
6	임마누엘 칸트	19세기	근대 계몽주의
7	토마스 아퀴나스	13세기	중세 철학자, 신학자
8	소크라테스	고대 그리스	서양철학의 원조
9	아리스토텔레스	고대 그리스	과학자, 철학자
10	칼 포퍼	20세기 근대	과학철학, 사회정치철학

〈출처: BBC〉

영국 공영방송 BBC에서 세계에서 가장 영향력있는 철학자와 사상가 10명을 발표했습니다.

1위는 19세기 사회주의 사상가인 '칼 마르크스'가 선정됐습니다. 자본론으로 유명한 칼 마르크스는 후시대의 철학과 이데올로기 형성에 막대한 영향을 끼친 사상가죠.

2위는 영국의 경험론자인 데이브 흄이 선정됐고요. 3위는 분석철학의 대가인 비트겐슈타인이 선정됐네요. 19세기 초자연을 역설한 철학자이자 문헌학자인 프리드리히 니체가 4위로 선정됐고요.

5위는 고대 그리스 철학자인 플라톤이 선정됐습니다. 6위는 근대 계몽주의 창시자인 임마누엘 칸트가 선정됐고, 7위는 중세 신학자이자 철학자인 토마스 아퀴나스가 선정됐네요.

8위는 서양철학의 원조격인 소크라테스가 선정됐고, 9위는 역시 고대 그리스 철학자인 아리스토텔레스가 차지했습니다. 10위는 과학철학과 사회정치철학의 대가인 칼 포퍼가 선정됐습니다.

PART 3

Economy &
Tech

320만 원

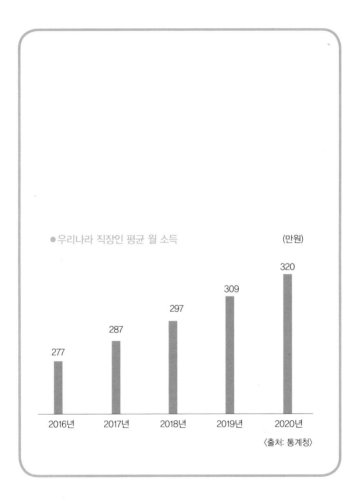

● 우리나라 직장인 평균 월 소득

(만원)

277
287
297
309
320

2016년 　2017년 　2018년 　2019년 　2020년

〈출처: 통계청〉

국내 직장인 평균 월급

직장인들이라면 가장 관심 있는 월급. 우리나라 직장인들의 한달 월급은 어느 정도 될까요?

통계청에서 최근 발표한 자료에 따르면 우리나라 직장인들의 평균 월급은 320만 원(2020년 기준)이라고 하네요. 여기서 평균 소득은 임금을 비롯해 보너스, 수당 등을 모두 합한 금액이랍니다. 전년보다 11만 원 올랐다고 합니다. 이를 연봉으로 환산하면, 대략 3,840만 원쯤 되는 거네요.

평균 소득이라고 하지만 여전히 남녀간, 대기업과 중소기업 간 격차는 만만찮습니다. 남성의 평균 소득은 371만 원인 반면, 여성의 소득은 247만 원이니 남녀 간 임금격차는 124만 원 정도입니다.

대기업은 평균 529만원, 중소기업은 259만원인데, 대기업에 비해 중소기업 근로자의 월급은 절반도 채 되지 않는 셈이죠.

GDP

●GDP 랭킹 Top 10 국가 〈10억 달러〉

국가	2021년		2020년	
	GDP	순위	GDP	순위
미국	22,939	1	20,893	1
중국	16,862	2	14,866	2
일본	5,103	3	5,045	3
독일	4,230	4	3,843	4
영국	3,108	5	2,709	5
인도	2,946	6	2,660	6
프랑스	2,940	7	2,624	7
이탈리아	2,120	8	1,884	8
캐나다	2,015	9	1,644	9
한국	1,823	10	1,638	10

〈출처: World Data〉

한국은 전세계 10대 경제 강국

국민 총소득을 나타내는 지표가 여러 개 있지요. 크게 GDP, GNI, PPP 등이 있는데요, GDP(Gross Domestic Product)는 1년 동안 한나라 안에서 모든 경제 주체가 생산 활동에 참여한 최종 생산물을 시장가치로 환산한 값을 말해요. 여기에는 외국인이 국내에 체류해 만든 제품도 다 포함이 되겠지요.

GNI(Gross Natinal Income)는 한나라 국민이 일정기간 동안 생산 활동에 참가해 받은 소득을 말합니다. 다만, 여기서 외국인에게 지급한 총소득은 제외가 돼요.

PPP(Purchasing Power Parity), 즉 구매력 평가 지표를 의미하죠. 즉 국가 간 화폐의 구매력을 동일하게 해주는 통화 교환비율을 계산한 것이랍니다.

우리나라는 2021년 GDP 규모가 1조8,230억 달러로 전세계에서 10위에 랭크돼 있네요. 미국이 22조9,396억 달러로 1위, 중국이 16조8,629억 달러로 2위네요. 3위는 일본, 4위는 독일 순이랍니다. 우리나라가 전세계 톱10의 경제대국이란 의미라고 할 수 있죠.

일론 머스크

● 전세계 CEO 연봉 Top 10   (2021년 기준)

순위	CEO	회사	연봉
1	일론 머스크	테슬라	66억5,800만 달러
2	마이크 피코츠	오크스트리트헬스	5억6,800만 달러
3	트래버베즈덱	굿알엑스홀딩스	4억9,700만 달러
4	더글라스 허시	굿알엑스홀딩스	4억9,700만 달러
5	에릭 우	오픈도어테크놀러지	3억8,800만 달러
6	알렉스 카프	필란티어테크놀러지	3억6,900만 달러
7	조프리 프라이스	오크스트리트헬스	3억5,600만 달러
8	팀 쿡	애플	2억6,500만 달러
9	그리핀 마이어	오크스트리트헬스	2억2,100만 달러
10	체드 리치슨	페이콤 소프트웨어	2억2,00만 달러

〈출처: 블룸버그〉

전세계 CEO 중 연봉 킹

전세계에서 가장 연봉이 높은 최고경영자는 누구일까요? 매년 수백억 원의 연봉을 받는 CEO들이지만, 잘 나가는 업종과 그렇지 않은 업종 CEO들 간의 차이가 큰 게 사실입니다.

블룸버그에서 조사한 자료인데요, 2021년 연봉 킹은 테슬라와 스페이스X의 CEO 일론 머스크입니다.

일론 머스크는 수년 째 연봉 킹 자리를 고수하고 있는데요, 2020년에 그가 받은 연봉은 66억5,800만 달러, 원화로 약 7조7,000억 원의 연봉을 받았네요. 월급으로 따지자면 매월 6,416억 원을 받았고요, 일당으로 환산하면, 211억 원이라는 의미죠. 정말 엄청난 연봉이죠. 그가 받은 연봉은 2위에서 8위까지 모두 합한 연봉보다도 더 많다고 하네요. 그야말로 '헉'소리가 납니다.

그 뒤를 이어 2위는 오크스트리트헬스라는 헬스케어 기업의 CEO인 마이크 피코츠로서 연봉은 5억6,800만 달러라고 하네요.

참고로 애플의 팀쿡의 연봉은 2억6,500만 달러라고 합니다.

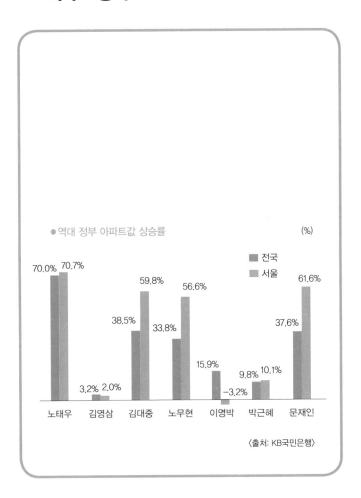

노태우 정부

● 역대 정부 아파트값 상승률   (%)

■ 전국
■ 서울

노태우 70.0% 70.7%
김영삼 3.2% 2.0%
김대중 38.5% 59.8%
노무현 33.8% 56.6%
이명박 15.9% -3.2%
박근혜 9.8% 10.1%
문재인 37.6% 61.6%

〈출처: KB국민은행〉

역대 정부 중에서 부동산, 그중에서도 아파트값 상승률이 가장 높았던 정부는 어디일까요.

KB국민은행 자료에 보면 노태우 정부 이후부터 역대 정부 중 가장 아파트값 상승률이 높았던 시대는 노태우 정부 시절이라고 합니다. 아파트값 상승률이 70%에 달했네요.

그다음은 문재인 정부, 김대중 정부, 노무현 정부 순입니다.

58

김영삼 정부

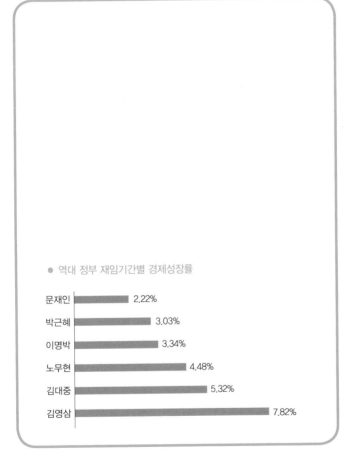

● 역대 정부 재임기간별 경제성장률

정부	경제성장률
문재인	2.22%
박근혜	3.03%
이명박	3.34%
노무현	4.48%
김대중	5.32%
김영삼	7.82%

박정희, 전두환, 노태우 정부 이후 역대 정부의 경제성장률은 어떨까요? 아이러니하게도 IMF 사태를 불러 온 김영삼 정부 시절이 평균 7.82%로 가장 높다고 하네요. 하지만 이게 모두 부채를 통해 거둔 성과라는 게 문제였죠.

IMF 위기에 등판한 김대중 대통령 재임기간 동안 성장률은 5.32%를 기록했고요. 이후 노무현(4.48%), 이명박(3.34%), 박근혜(3.03%), 문재인(2.22%) 정부 순으로 성장률이 높았네요.

사실 우리나라 경제는 노무현 정부 이후부터 5% 넘기는 게 사실상 힘들어졌죠. 경제규모가 세계 10위권이라는 점에서 5% 이상 성장하는 게 현실적으로 힘들 수밖에 없는 거죠.

문재인 정부 들어서 코로나 팬더믹이라는 미증유의 사태를 겪으면서 세계적으로 경기침체에 빠졌지만, 우리나라는 OECD 국가 중 성장률 부문에서 최상위권을 유지했습니다.

객관적으로 선진국 중에서 한국보다 나은 성과를 거둔 국가는 한두개에 불과할 정도로 어려운 가운데 우리 경제는 선방했다고 할 수 있지요.

59

노인 비경제활동

● 연로를 이유로 한 비경제활동 인구   〈단위: 만 명〉

연도	연로 상태 비경제활동	인구 증감
2012년	173.7	13.3
2013년	181.1	7.4
2014년	190.3	9.2
2015년	201.3	11.0
2016년	212.2	10.9
2017년	220.3	8.1
2018년	221.8	1.5
2019년	222.1	0.3
2020년	225.7	3.6
2021년	238.8	13.1
2022년 6월	248.3	9.5

〈출처: 통계청〉

연로해 경제활동 쉬는 인구 250만 명 육박

나이가 들어 경제활동을 못하는 인구, 즉 연로를 이유로 한 비경제활동인구가 2022년 6월 기준으로 248만 명이라고 합니다. 우리나라 인구가 5,100만 명이니 대략 5% 정도 되는 수치이지요.

문제는 고령화가 급속도로 진행되다보니 나이 때문에 경제활동을 쉬는 인구가 빠르게 증가한다는 사실이지요.

통계청에 따르면 이 조사가 시작된 1999년에 연로를 이유로 경제활동을 쉬는 인구는 140만 명이었습니다. 23년 만에 배 이상 늘어난 것이지요.

60

흉부외과 의사

● 의사 표시과목별 평균 임금

전공	평균 임금(연봉 기준)
흉부외과	4억8,800만 원
안과	4억5,837만 원
신경외과	3억7,065만 원
피부과	3억263만 원
외과	2억9,612만 원
산부인과	2억5,923만 원
정신건강의학과	2억3,582만 원
성형외과	2억3,209만 원
소아청소년과	1억875만 원

〈출처: 보건복지부〉

평균 연봉 4억9,000만 원 수준

의사들 중에는 전공 별로 연봉 차이가 큰 것으로 조사됐네요. 보건복지부 산하 보건사회연구원이 2022년 7월 발표한 자료(2020년 기준)에 따르면 의사들 중 표시과목별로 가장 많은 연봉을 받는 의사는 흉부외과 의사로 평균 4억8,800만 원을, 안과의사는 4억5,800만 원을, 정형외과 의사는 평균 4억284만원의 임금을 받는 것으로 조사됐네요.

의사들 중에 가장 낮은 임금을 받는 전공의는 소아청소년과로 1억875만 원이라고 합니다. 흉부외과 의사에 비해 5분의 1 수준이네요.

이 외에 인기분야인 성형외과 의사는 평균 2억3,200만 원을, 비뇨기과 의사도 평균 2억6,400여만 원의 임금을 받고 있답니다.

참고로 우리나라 샐러리맨들의 평균 연봉은 3,828만원이랍니다. 의사들 평균 연봉에 비해 6분의 1 수준이네요.

61

귀농

●귀농/귀촌 상위 5개 시군 특성 (단위: 명)

구분	전체인구	귀농인	전 거주자 1순위	평균 재배 면적(ha)
의성	50,632	229	대구(53.4%)	0.37
고흥	62,762	224	광주(20.5%)	0.25
상주	95,566	212	경북(24.5%)	0.36
영천	101,888	182	대구(51.3%)	0.26
양평	121,230	173	서울(57.8%)	0.27
무안	91,107	173	전남(40.9%)	0.49
김천	140,239	173	경북(49.8%)	0.28

〈출처: 농림축산식품부〉

30대 귀농귀촌 인구 2021년에 역대 최대치

'귀농은 은퇴 후에 한다'라는 통념은 이제 사실상 현실적이지 않다는 것을 보여주는 자료가 있네요.

농림축산식품부 자료를 보면 2021년은 30대 귀농귀촌 인구가 역대 최대치를 기록한 것으로 나타났습니다. 2021년 귀농귀촌 인구가 51만5,434명으로 조사됐는데, 전년보다 4.2% 늘어난 수치네요. 전 연령대에서 증가했는데 특히 30대에서 역대 최대치를 기록했습니다. 아무래도 도시에서 살기 힘든 젊은 층이 점점 늘어나고 있다는 해석을 할 수 있는데요.

귀농인이 많은 5개 시군을 살펴봤더니 경상북도 의성(229명), 전라남도 고흥(224명), 경상북도 상주(21명), 경상북도 영천(182명), 경기도 양평(173명), 전라남도 무안(173명), 경상북도 김천(173명) 순으로 조사됐습니다.

양평을 제외하고는 전라도와 경상도에 집중적으로 늘었다고 볼 수 있죠.

62

매출 1조

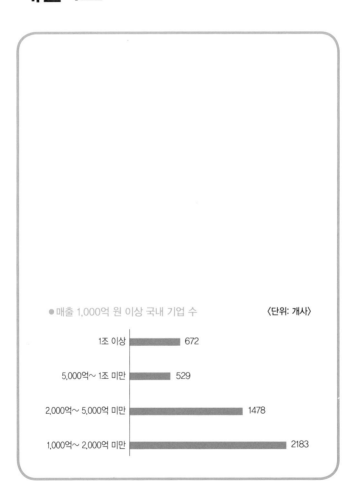

● 매출 1,000억 원 이상 국내 기업 수 〈단위: 개사〉

구분	기업 수
1조 이상	672
5,000억~ 1조 미만	529
2,000억~ 5,000억 미만	1478
1,000억~ 2,000억 미만	2183

국내 영리법인 수는 2019년 기준으로 총 75만2,675개사입니다. 생각보다 꽤 많은 편이죠. 이들 영리법인 종사하는 종업원은 총 1,037만여 명입니다.

매출액은 총 4,987조 원에 달하고요. 그런데 이중에서 연간으로 매출 1,000억 원 이상을 올리는 기업은 4,862개사입니다.

대략 전체 영리법인 중 0.65%에 달하는 셈이니 비율로 놓고 보면 매출 1,000억 원을 돌파하는 게 참 대단한 것임을 알 수 있습니다.

이들 1,000억 원 이상 기업의 총 매출액은 대략 4,650조원에 육박하니, 영리법인 전체 매출의 93%를 차지합니다. 즉, 국내 영립법인 중 0.65%의 기업이 전체 매출의 93%를 독점하고 있다는 의미죠.

참고로 연간 매출 1조원을 넘기는 기업은 672개사입니다. 비율로 보면 0.09% 수준입니다.

삼성그룹

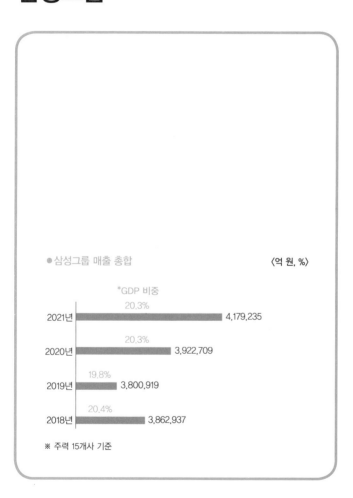

● 삼성그룹 매출 총합 〈억 원, %〉

*GDP 비중

2021년 20.3% 4,179,235

2020년 20.3% 3,922,709

2019년 19.8% 3,800,919

2018년 20.4% 3,862,937

※ 주력 15개사 기준

삼성, 국내 GDP 20% 책임져

다들 알다시피, 삼성이 우리나라 경제, 사회, 문화에 미치는 영향은 엄청나죠.

삼성그룹에 대한 대내외의 평가는 다르게 나오는 경우가 많죠. 그럼에도 삼성그룹이 한국 경제에 미치는 영향력은 독보적이라는 것은 누구도 부인하지 않고 있습니다.

실제로 삼성의 주력 기업체 15개 회사의 매출을 종합했을 때 그 규모는 우리나라 전체 GDP의 20%를 차지하고 있습니다. 아마 전세계적으로도 유래를 찾아볼 수 없죠.

삼성그룹의 주력 15개사의 2021년도 매출은 417조9,235억 원으로 2020년 392조9,709억 원보다 25조 이상 늘었습니다.

코로나 상황임에도 대단한 성과죠. 엇갈린 평가에도 불구하고, 삼성그룹은 아마 단군 이래 우리나라를 대표하는 최고의 기업임은 분명한 사실인 셈이죠.

집

● 소유주택수별 총소유 주택수

구분	소유자 수	소유한 총 주택수	1인당 평균 소유 주택
상위 1%	14만6,966명	106만3,608 가구(5.7%)	7.2
상위 2%	29만3,932명	150만758 가구(8.1%)	6.1
상위 5%	73만4,830명	241만8,729 가구(13.1%)	3.3
상위 10%	146만9,661명	388만5,649 가구(21.0%)	2.6

* 2020년 전체 주택수는 1,852만5,844 가구
* ( )은 전체 주택수 대비 비중

〈출처: 통계청, 2020년 기준〉

우리나라 주택 수는 2020년 기준으로 1,852만6,000여 가구라고 합니다. 우리나라 인구가 총 5,000만 명이니 산술적으로 5명 중에 1명은 자가를 갖고 있는 셈이죠. 하지만 실제는 어떨까요?

박상혁 더불어민주당 의원에 따르면 2020년 기준으로 국내 소유주택수 상위 10%가 388만 주택을 소유한 것으로 조사됐습니다. 특히 상위 1%인 14만6,966명이 106만3,608개 주택을 보유한 것으로 조사됐는데, 이들은 한 명당 평균 7.2 주택을 보유한 셈이라고 합니다. 또한 다주택자 상위 3%인 44만898명이 전체 주택수의 9.9%를 소유하고 있다고 합니다.

핵심을 요약해 말씀드린다면, 우리 국민 5,000만 명 중 3%인 146만 명이 전체 주택의 20%를 차지하고 있다는 결론이랍니다.

70조

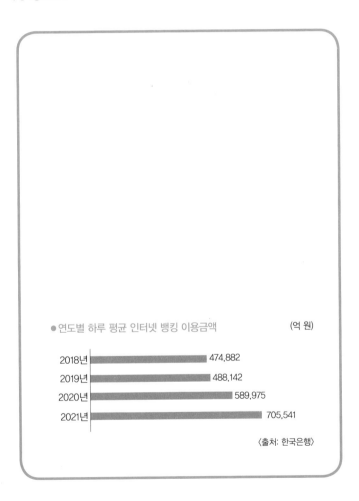

● 연도별 하루 평균 인터넷 뱅킹 이용금액 　　　　　(억 원)

연도	금액
2018년	474,882
2019년	488,142
2020년	589,975
2021년	705,541

〈출처: 한국은행〉

인터넷뱅킹 하루 평균 이용금액

2020년부터 시작된 코로나 여파로 직접 은행창구를 이용하는 경우가 줄어들었죠. 비대면 서비스가 활발해지면서 인터넷 뱅킹을 이용하는 게 이제 일상사가 되고 있답니다. 소위 뉴노멀이라 불리우는 인터넷 뱅킹 이용금액이 2021년 기준으로 70조5,541억 원이라고 하네요. 어마어마하죠.

인터넷 뱅킹은 이제 젊은층은 물론이고 남녀노소 구별 않고 누구나 사용하고 있는데요, 2018년에 하루 평균 인터넷 이용금액은 47조 원이었는데, 2019년에 48조8,142억 원이었어요. 하지만 코로나 팬데믹^(전염병)으로 2020년에 인터넷 뱅킹 이용건수가 급증했습니다. 2020년에만 하루 인터넷 뱅킹 이용금액이 58조9,975억 원에 달했다네요. 그러다 2021년에는 70조5,541억 원으로 2020년보다 무려 10조 이상 늘었다고 합니다. 은행들마다 디지털, 디지털 외치는 이유가 바로 이것 때문이지요.

글로벌 창업 도시

● 창업하기 가장 좋은 도시 Top 10

순위	도시	국가
1	실리콘밸리	미국
2	뉴욕	미국
3	런던	영국
4	보스턴	미국
5	베이징	중국
6	LA	미국
7	텔아비브	이스라엘
8	상하이	중국
9	시애틀	미국
10	서울	한국

〈출처: Startup Genome〉

서울이 창업하기 좋은 도시 톱 10에 들었다네요. 글로벌 창업생태계 평가기관인 스타트업지놈에서 최근 발표한 순위에 따르면 서울시는 창업하기 가장 좋은 세계 10대 도시로 선정됐다고 합니다.

역대 최고 순위이면서 아시아권에서 3위를 차지했다는 소식입니다. 반가운 소식이죠.

서울시는 6개 평가항목 중 자금조달, 지식축적, 생태계 활동 등에서 높은 점수를 받았다네요.

한편 가장 창업하기 좋은 도시는 1위로 미국 실리콘밸리가 뽑혔으며, 2위는 뉴욕과 런던, 4위는 보스톤, 5위는 중국 베이징이라고 합니다.

67

고물가

● 가장 물가가 비싼 Top 10 도시

순위	도시	국가
1	홍콩	중국
2	뉴욕	미국
3	제네바	스위스
4	런던	영국
5	도쿄	일본
6	텔아비브	이스라엘
7	취리히	스위스
8	상하이	중국
9	광저우	중국
10	서울	한국

〈출처: ECA인터내셔널, 2022년 상반기〉

서울, 가장 물가 비싼 열 번째 도시

서울이 창업하기 좋은 도시 10위에 랭크됐지만, 물가 비싼 10번째 도시로도 선정됐네요.

서울은 특히 집값이 비싼 도시로도 전세계적으로 유명한데요, 아무래도 집값이 비싸다 보니 전반적으로 물가가 비싼 도시로 꼽힌 것으로 해석됩니다.

국제인력관리 컨설팅 기업인 ECA인터내셔널이 발표한 자료인데요, 물가 비싼 도시로 1위는 홍콩이 뽑혔고, 2위는 뉴욕이 차지했네요.

그 뒤를 이어 스위스 제네바, 영국 런던, 일본 도쿄, 이스라엘 텔아비브, 스위츠 취리히, 중국 상하이, 광저우 순으로 조사됐습니다.

68

집 값

● 고가/ 저가주택 상승률 (2019년 6월~ 2021년 6월)

	저가주택	고가주택
경기도	61.1%	87.4%
6개 광역시	25.7%	74.8%
기타 지방	3.7%	62.5%
수도권	54.9%	65.8%
서울	64.1%	54.1%
전국	11.3%	80.1%

〈출처: KB부동산, 고가주택(상위 20%), 저가주택(하위 20%)〉

주택 상승률, 저가보다 고가 주택이 높아

KB부동산에 따르면 지난 3년간(2019년 6월~ 2021년 6월) 주택 상승률을 조사했더니, 고가 주택 상승률이 저가 주택 상승률보다 훨씬 높은 것으로 조사됐네요.

전국적으로 봤을 때 고가주택(상위 20%) 상승률은 80.1%인 반면 저가 주택(하위 20%) 상승률은 11.3%에 그쳤답니다.

다만, 서울은 저가 주택 상승률이 64.1%, 고가 주택 상승률이 54.1%로 저가 주택 상승률이 다소 높았네요.

여기에 대해 전문가들은 지방은 고가 주택이라 해도 서울에 비해 상대적으로 저렴하기 때문이라고 합니다.

69

최고 상권

●지역별 국내 최고 상권

지역	최고 상권	지역	최고 상권
서울	압구정역	강원도	강릉 중앙로
경기	성남 서현역	충북	청주 성안동
인천	부평시장역	대구	반월당 사거리
대전	둔산2동	경북	경산 중앙동
충남	천안터미널	울산	남구청 상권
전북	익산 이리동	경남	진주 신안동
전남	순천 조례동	부산	서면역
광주	광주터미널	제주	제주시 중앙로

〈출처: SK텔레콤〉

서울은 압구정, 부산은 서면

SK텔레콤 상권분석 서비스를 통해 본 국내 최고의 상권은 어디일까요? 예상대로 서울 압구정역이 가장 상권이 좋은 것으로 조사됐네요.

2021년 코로나 상황에서 서울 압구정역은 하루 유동인구는 23만명으로 높지 않았지만 월 매출은 4천억원이 넘는 것으로 조사됐네요. 최대 상권인 강남역은 남부와 북부로 구분됐지만 최고 상권 2, 3위를 차지하는 기염을 토했네요. 강남역만 통합한다면 하루 유동인구는 86만명, 매출액은 7,600억원이 넘네요.

각 시도별로 살펴보면 경기도는 성남 서현역, 부산은 서면역이 가장 상권이 좋은 것으로 나타났습니다. 인천은 부평시장역, 대전은 둔산2동 상권, 충남은 천안 터미널 인근, 전북은 익산 이리동초교, 전남은 순천시 조례동, 광주는 광주터미널 인근, 강원도는 강릉 중앙로, 충북은 청주 성안동 상권, 대구는 반월당 사거리, 경북은 경산 중앙동, 울산은 남구청 상권, 경남은 진주 신안주공아파트 주변 상권, 제주는 제주시 중앙로가 가장 최고의 상권으로 조사됐습니다.

스마트폰

●국가별 세계 시장점유율 1위 품목

국가	품목
미국	전기자동차, VR 헤드셋, 바이오의약품, 스마치 워치 등 18개 품목
중국	감시카메라, 냉장고, 세탁기, 휴대전화 통신 인프라 등 15개 품목
일본	이륜차, 휴대용 리튬이온 전지, 디지털카메라 등 7개 품목
한국	D램, 유기발광다이오드(OLED) 패널, 낸드플래시, 스마트폰, 초박형TV 등 5개 품목

〈출처: 니혼게이자신문, 57개 품목, 2021년 기준〉

한국이 세계 1위

일본 니혼게이자신문에서 56개 품목의 세계 시장 점유율을 조사해 매년 발표하고 있는데요.

2021년 기준으로 한국산 제품 중 세계시장에서 1위를 한 품목은 5개 품목이라고 하네요.

구체적으로는 스마트폰과 D램, 유기발광다이오드(OLED)패널, 낸드플래시 반도체, 초박형TV 등입니다.

1위를 차지한 미국은 전기차, VR헤드셋, 바이오의약품, 스마트 위치 등 총 18개 품목에서 세계 시장 점유율 1위를 달성했네요.

중국은 액정표시장치와 차량용 배터리 등 15개 품목에서 점유율 1위를 자치해 전체 순위 2위를 기록했습니다.

일본은 7개 분야에서 1위를 차지했는데, 품목으로는 자동차, 오토바이, 디지털 카메라, 레이저복합기, 이미지 센서, 휴대폰용 리튬이온 배터리, 편광판 등입니다.

2000조 원

● 전세계 시가총액 순위   (단위: 10억 달러)

순위	기업	현 시가총액	2021년 시가총액	증감률
1	Apple	2,103	2,901	−28%
2	Saudi Aramco	1,819	1,908	−5%
3	Microsoft	1,775	2,522	−30%
4	Alphabet	1,137	1,917	−41%
5	Amazon	855	1,691	−49%
6	Berkshire Hathaway	668	669	0%
7	UnitedHealth	492	473	4%
8	Johnson & Johnson	465	450	3%
9	Exxon Mobil	436	259	68%
10	VISA	462	469	−1%

〈2022년 12월 23일 기준〉

가장 몸값 높은 기업, '애플'

일명 시가총액(시총)은 기업의 몸값을 의미합니다. 몸값이 비싸다는 것은 그만큼 대단하다는 회사라는 것을 입증하는 것이죠. 그렇다면 전세계에서 몸값이 가장 비싼 기업은 어디일까요?

1위는 아이폰을 만든 애플이 차지했네요. 2022년 12월 23일 기준으로 애플의 몸값은 2조1,030억 달러에 달합니다. 대단하죠. 2위는 사우디아라비아의 석유회사인 사우디아람코가 차지했네요. 사우디아람코는 최근 한국을 방문한 사우디의 빈 살만 왕세자가 최대주주인 회사로서 기업가치가 1조8,190억 달러에 달합니다. 3위는 윈도우를 만든 MS가 1조7,750억 달러, 4위는 구글 1조1,370억 달러, 5위는 아마존이 차지했는데 8,548억 달러의 몸값을 자랑합니다. 6위는 버크셔해써웨이로서 6,679억 달러, 7위는 디지털헬스케어 업체인 유나이티드헬스가 4,925억 달러, 8위는 제약회사인 존슨앤존슨이 4,628억 달러를 기록 중이네요. 9위는 에너지 기업인 엑손모빌이 4,360억 달러, 비자카드가 4,342억 달러로 10위에 올라있습니다. 참고로 한국의 대표기업 삼성전자의 몸값은 3,049억 달러로 26위에 랭크됐네요.

72

2222만 원

● 2021년 지역별 1인당 소득액 　　　　　　　　　(단위: 만 원)

순위	지역	소득액	순위	지역	소득액
1	서울	2,526	11	대구	2,105
2	울산	2,517	12	강원	2,104
3	대전	2,273	13	전남	2,088
4	광주	2,247	14	전북	2,086
5	세종	2,206	15	경북	2,067
6	경기	2,194	16	경남	2,065
7	부산	2,135	17	제주	2,048
8	인천	2,132			
9	충남	2,126	전국평균		2,222
10	충북	2,108			

〈출처: 통계청〉

1인당 전국 평균 소득, 1위는 서울 2,526만 원

통계청에서 2021년도 지역별 1인당 연간 소득액을 발표했는데요. 전국 평균은 2,222만원으로 집계됐네요.

지역별로는 서울이 2,526만원의 소득을 기록해 5년 연속 1위에 올랐습니다. 2위는 울산 2,516만 원. 3위 대전은 2,273만 원입니다. 2, 3위 간 격차가 크죠. 4위 광주는 2,247만 원, 5위 세종시는 2,206만이네요.

경기도는 6위로서 2,194만원으로 서울과 비교할 때 400만 원 가량 격차가 있죠. 우리나라 제 2의 도시 부산은 2,135만 원, 인천은 2,132만원으로 조사됐네요.

충남은 9위로서 2,126만 원, 충북은 2,108만 원, 대구 2,015만 원, 강원은 2,104만 원입니다. 전라남북도와 경상남북도는 2,000만 원대 초반에 머물렀고요.

제주는 전국 시도 중에서 가장 소득이 적은 2,048만원을 기록했습니다. 1위인 서울과 비교해 500만원 가량 소득 격차가 벌어진 셈이죠.

73

온라인 튜터

● 미래 유망직종 20선

순번	직업명	순번	직업명
1	온라인 튜터	11	기상 감정사
2	이러닝 테크니션	12	스마트 안전 관리사
3	건강기능식품 상담사	13	에너지효율 측정 전문가
4	모바일헬스케어 코디네이터	14	공인 이민사
5	유전 상담사	15	산업수학 모더레이터
6	데이터 라벨러	16	중고자동차 진단평가사
7	데이터 거래 전문가	17	집합건물 관리사
8	인공지능 윤리 검수사	18	콘텐츠 가치 평가사
9	정보보호관리체계 심사원	19	특허전담관
10	풀스택 개발자	20	NFT아트 에이전트

〈출처: 고용정보원〉

미래 유망직업 20선

인공지능이 발달하고 첨단 기술이 인간의 직업을 대체하고 있다는 뉴스가 심심찮게 들리는 요즘, 고용정보원에서 미래 유망한 직업을 발표했습니다.

이들 직업은 아직 국내는 없거나 인지도가 낮지만 미래 유망한 직종을 의미한답니다. 이중에서 4차산업혁명 기술과 관련한 유망 직종이 많이 포함돼 있는데요.

우선 온라인 가상공간에서 과외를 담당하는 온라인 튜터, 이러닝 테크니션 등 에듀테크 분야 유망직종이 눈에 띠고요. 건강기능식품 상담사, 모바일헬스케어 코디네이터, 유전상담사 등 건강관련 분야에서도 새로운 직업이 주목됩니다.

데이터가 중요해지면서 관련 직업군도 주목받고 있는데요. 데이터 라벨러, 데이터 거래 전문가 등이 바로 이러한 직업들입니다. 인공지능 윤리 검수사, 정보보호 관리체계 인증 심사원 등도 첨단 기술 발전에 따른 유망한 직업군으로 분류됐네요.

이 외 기상 감정사, 스마트 안전 관리사 등이 미래 유망 직종으로 선정됐네요.

74

합성생물학

●2030년 유망기술

기술	주요 내용
사물인터넷	헬스케어, 스마트 제조 등 다양한 분야에 적용
빅데이터 분석	빅데이터 통해 기업, 소비자, 공공부문에 더 나은 서비스 제공
인공지능	인간을 뛰어넘는 논리적 추론 통해 생산성 향상과 사회적 변화
신경 기술	질병 진단 및 치료법에 획기적 진보
마이크로 및 나노 인공위성	민간 및 국방부문 문제점 해결 위한 다양한 방안 제시
나노소재	나노 및 헬스케어 분야에 다양하게 적용
적층제조법	제조업 패러다임 변화 유도
첨단에너지 저장기술	에너지 수요 공급간 불일치 극복 기술
합성 생물학	유기체 내 DNA를 조작, 의료, 농업 등 다양한 분야에 활용
블록체인	3자 없이도 안전한 거래 보장

〈출처: OECD〉

2030년 유망 기술 10선

경제협력개발기구(OECD)에서 향후 전세계적으로 중대한 영향을 미칠 10대 미래기술을 발표했습니다.

2030년까지 가장 유망한 기술로 꼽힌 테마로는 사물인터넷, 인공지능, 빅데이터, 블록체인 등 4차산업혁명 관련 기술들이 주로 선정됐네요. 특히 인공지능과 관련해서는 인간을 뛰어넘는 논리적 추론을 통해 생산성 향상과 사회적 변화를 이끌 것이라고 진단했습니다.

질병 진단 및 치료법에 획기적인 발전을 가져올 '신경 기술'도 중요한 미래 기술로 선정됐습니다. 또한 국방 분야에 혁신을 가져올 '마이크로 및 나노 인공위성'이 선정됐고, 나노 및 헬스케어 분야에 적용될 '나노소재', 제조업의 생산패러다임을 가져올 '적층 제조법' 기술 등이 꼽혔습니다.

이 외 에너지 수급 불안을 해소할 '첨단 에너지 저장 기술', 유기체내 DNA 조작기술인 '합성 생물학' 등이 중요한 기술이라고 전망했습니다.

5억253만 원

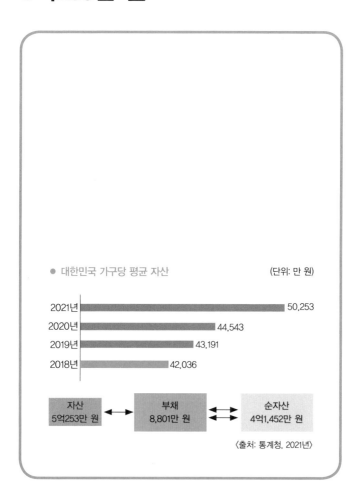

● 대한민국 가구당 평균 자산 (단위: 만 원)

2021년	50,253
2020년	44,543
2019년	43,191
2018년	42,036

자산 5억253만 원	◀▶	부채 8,801만 원	◀▶	순자산 4억1,452만 원

〈출처: 통계청, 2021년〉

가구당 평균 자산, 부채와 함께 증가세

통계청에서 대한민국 가구당 평균 자산 규모를 발표했습니다. 코로나 팬더믹 상황에서도 주택값 상승 등으로 자산규모가 커졌는데요, 2021년 기준으로 5억253만원, 2020년과 비교했을 때 대략 6,000만 원 정도가 증가한 것으로 조사됐습니다.

2018년 4억2,036만 원과 비교해서도 8,000만 원 가량 자산이 늘었습니다. 다만, 부채도 8,801만 원으로 순자산 규모는 4억1,452만 원으로 집계됐습니다.

대부분 소유 자산은 부동산으로 나타났네요.

재테크

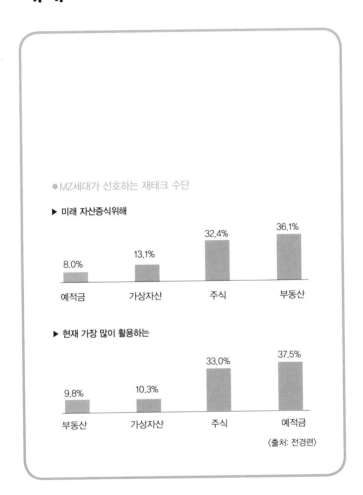

● MZ세대가 선호하는 재테크 수단

▶ 미래 자산증식위해

	8.0%	13.1%	32.4%	36.1%
	예적금	가상자산	주식	부동산

▶ 현재 가장 많이 활용하는

	9.8%	10.3%	33.0%	37.5%
	부동산	가상자산	주식	예적금

〈출처: 전경련〉

MZ(밀레니얼 세대)들이 선호하는 재테크 수단은 무엇일까요. 전국경제인연합회가 조사한 결과에 따르면 자금력이 부족한 밀레니얼 세대들은 선호하는 재테크 수단으로 부동산을 꼽았지만 현실에서는 예적금으로 재테크 한다는 응답이 가장 많았습니다.

예적금 비율이 37.5%, 주식으로 재테크 한다는 비율은 33.0%였습니다.

가상 자산 붐이 많이 사그라들긴 했지만 전체 응답자의 10.3%는 가상자산을 꼽았으며, 부동산 투자는 9.8%로 조사됐습니다.

그럼에도 MZ세대들은 미래 자산 증신을 위해서는 부동산 투자가 가장 유망하다고 인식해 MZ세대와 기성세대간에 별차이가 없는 것으로 조사됐고요.

주식은 32.4%, 가상자산은 13.1%로 조사됐네요. 예적금 부문은 재테크 수단으로 8.0%만이 선호한다고 응답해, 현실과 이상의 괴리를 보여주었습니다.

디지털 경쟁력

●국가별 디지털 경쟁력 순위

나라	2022년 순위	2021년 순위	변동
덴마크	1	4	+3
미국	2	1	−1
스웨덴	3	3	−
싱가포르	4	5	+1
스위스	5	6	+1
네덜란드	6	7	+1
핀란드	7	11	+4
한국	8	12	+4
홍콩	9	2	−7
캐나다	10	13	+3
중국	17	15	−2
일본	29	28	−1

〈출처: IMD(스위스 국제경영개발대학원)〉

한국 디지털 경쟁력 순위 전세계 8위

IMD(스위스 국제경영개발대학원)에서는 매년 전세계 국가를 대상으로 디지털 경쟁력 순위를 발표하고 있습니다.

IMD는 2017년부터 디지털 분야에 대한 지식, 기술, 미래 준비도 등 3개 분야, 9개 부문, 54개 세부 지표를 측정해 국가별 디지털 경쟁력을 평가해 발표하고 있는데, 전체 1위는 덴마크, 2위는 미국, 3위는 스웨덴이 차지했네요.

아시아 국가로는 싱가포르가 전년보다 순위가 한단계 상승한 4위를 기록했고 한국은 2021년 12위에서 무려 네계단이 상승한 8위를 기록했습니다.

한국은 전자참여 지수 분야에서 1위를, 인터넷 소매업 매출액 지표도 1위로 올라섰고, 스마트폰 보유율도 전체 1위를 기록했네요.

다만, 기술 분야는 13위, 지식 부문은 16위를 기록해, 인프라는 훌륭한데 아직까지 기반 인프라와 지식 축적 부문에서는 미흡하다는 지적입니다.

포스트 코로나

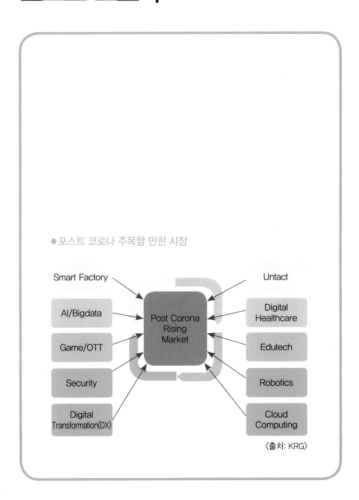

● 포스트 코로나 주목할 만한 시장

Smart Factory

AI/Bigdata

Game/OTT

Security

Digital Transformation(DX)

Post Corona Rising Market

Untact

Digital Healthcare

Edutech

Robotics

Cloud Computing

〈출처: KRG〉

포스트 코로나 유망 산업 10선

코로나 상황이 여전히 진행 중이지만, 사회적 거리두기가 완화되면서 예전의 분위기로 돌아가고 있는데요. 다만, 포스트 코로나 이후 새로운 질서가 자리를 잡아가면서 이전과 비교해 주목도가 높아지는 분야들이 등장하고 있지요.

시장조사기관 KRG에서는 포스트 코로나 이후 유망 분야 10가지를 선정했습니다. 우선 전사회의 디지털 트랜스포메이션, 보안, 게임 및 OTT, 인공지능/빅데이터 등이 선정됐고요. 제조업 분야의 혁신을 가져올 스마트 팩토리. 비대면화에 따른 언택트 관련 기술들도 선정됐습니다.

미래 유망분야로는 디지털 헬스케어, 에듀테크(교육과 IT의 결합), 로봇 등이 지목됐습니다. 특히 기업들의 디지털화가 급진전되면서 디지털 인프라로 클라우드 컴퓨팅 붐이 일고 있다는 점에서 클라우드 컴퓨팅도 유망 분야로 선정됐네요.

통신판매업

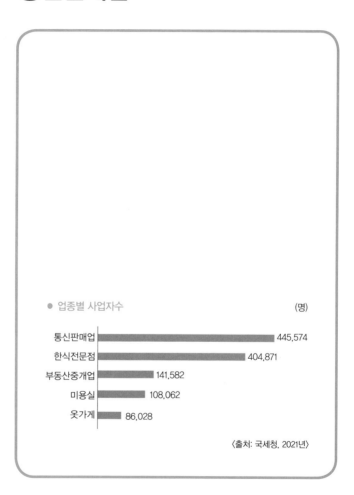

● 업종별 사업자수   (명)

업종	사업자수
통신판매업	445,574
한식전문점	404,871
부동산중개업	141,582
미용실	108,062
옷가게	86,028

〈출처: 국세청, 2021년〉

가장 많은 사업자가 종사하는 업종

국세청에서 발표한 자료에 따르면 우리나라에서 사업자 수가 가장 많은 업종은 통신판매업이라고 합니다. 2021년 기준으로 44만6,000여명이 종사하고 있다고 하네요. 전년보다 24.9%가 늘어난 수치랍니다. 아무래도 코로나로 비대면 서비스가 늘어나면서 온라인 쇼핑몰 등 통신사업자가 늘어난 영향이 크겠지요.

2위는 한식전문점으로 40만4,871명이 종사하고 있습니다. 3위는 부동산 중개업으로 총 14만1,582명, 4위는 미용실 10만 8,000여명, 5위는 옷가게로서 8만6,000여명이 종사하고 있다네요.

사업자 수 증가율이 가장 높은 업종은 펜션이나 게스트하우스, 통신판매업, 실내스크린골프점, 기술 및 직업훈련 학원 순으로 조사됐네요.

반면 간이주점이나 호프전문점, PC방, 구매식당, 예식장, 목욕탕, 독서실 등은 줄어들었다고 합니다. 아무래도 코로나 타격이 큰 업종들이 종사자 수 줄었다는 것을 알 수 있네요.

PART 4

Sports & Entertainment

80

스파이더맨

● 전세계 영화 흥행 Top 10

순위	영화	장르	나라	흥행수익
1	스파이더맨: 노 웨이 홈	SF액션	미국	18억3,300만 달러
2	장진호	전쟁	중국	9억1,100만 달러
3	안녕 리환잉	코미디	중국	8억4,100만 달러
4	007 노타임 투 다이	액션	미국/영국	7억6,800만 달러
5	분노의 질주: 더 얼티메이트	액션	미국	7억2,100만 달러
6	탐정 당인 3	코미디	중국	6억9,900만 달러
7	베놈 2 : 렛 데어 카니지	액션	미국	5억200만 달러
8	고질라 vs. 콩	액션	미국	4억6,800만 달러
9	상치와 텐 링즈의 전설	액션	미국	4억1,700만 달러
10	듄	SF	미국	4억 달러

〈출처: The Numbers, 2021년〉

코로나 강세 시기 전세계 최고 흥행 영화

코로나가 전세계적으로 극심했던 2021년, 그래도 많은 전세계 영화팬들이 극장을 찾았는데요. 2021년도 전세계적인 메가히트를 기록한 영화들은 단연 액션물이 최고였답니다. 코로나로 답답한 마음을 달래줄 장르로 액션물을 많이 선호했다고 볼 수 있지요.

흥행 1위는 『스파이더맨: 노웨이 홈』으로 최종 수익은 18억 3,000만 달러라는 압도적인 흥행을 기록했지요. 2위는 중국에서 제작한 전쟁 영화 『장진호』가 9억 달러가 넘는 수익을 거두었는데, 이 영화는 국내에서는 상영되지 못했죠. 이유는 다들 아실테고요.

다니엘 크레이그가 마지막 주연을 맡은 『007 노타임 투다이』도 7억6,800만 달러라는 흥행 수익을 기록했답니다.

이 외 『분노의 질주: 더 얼티메이트』 『베놈』 『고질라 vs. 콩』 등 SF 액션물이 상위 10위권에 포진했네요.

제작국은 상위 10위 영화 중 미국이 7개, 중국이 3개로 단연 미국 헐리웃물이 여전히 전세계 영화시장을 독점하고 있답니다.

81

명량

● 국내 상영 역대 영화 관객 순위 Top 10

순위	영화제목	장르	나라	제작년도	관객
1	명량	전쟁	국내	2014년	1,761만 명
2	극한직업	코미디	국내	2019년	1,626만 명
3	신과 함께: 죄와 벌	액션	국내	2017년	1,441만 명
4	국제시장	드라마	국내	2014년	1,426만 명
5	어벤저스: 엔드게임	액션	미국	2019년	1,397만 명
6	겨울왕국2	애니메이션	미국	2019년	1374만 명
7	아바타	애니메이션	미국	2009년	1,362만 명
8	베테랑	액션	국내	2015년	1,341만 명
9	괴물	공포	국내	2006년	1,301만 명
10	도둑들	액션	국내	2012년	1,298만 명

〈출처: https://dszl.tistory.com〉

역대 한국영화 흥행 1위

국내 박스오피스 최고 흥행 1위 영화는 2014년에 제작된 이순신 장군의 명량대첩을 다룬 최민식 주연의 『명량』입니다. 명량은 관객 수 1,761만 명을 동원해 지금까지 1위 자리를 지키고 있죠. 2019년에 제작된 류승룡 주연의 코미디물 『극한 직업』은 1,626만명의 관객을 동원했네요. 2017년에 제작된 『신과 함께: 죄와 벌』은 1,441만명, 황정민 주연의 2014년작 『국제 시장』은 1,426만 명의 관객을 동원해 4위에 랭크됐죠. 5위는 2019년 제작된 『어벤저스: 엔드게임』으로 1,397만명, 6위는 『겨울왕국2』로서 1,374만 명을 동원했습니다. 『아바타』가 1,362만 명, 『베테랑』이 1,341만명의 관객을 동원했지요.

현재 국내에서 개봉된 영화 중 관객 1,000만 명을 돌파한 영화는 27개 작품이며, 이중 19개가 국산 영화, 8개가 헐리웃 영화입니다.

하지만 코로나 상황으로 2020년과 2021년에는 1,000만 영화가 나오지 않았는데요, 2020년 영화 중에선 이병헌 주연의 『남산의 부장들』이 475만 명을 동원했으며, 이정재 주연의 『다만 악에서 구하소서』가 435만명의 관객을 동원했네요.

82

추신수

● 프로야구 선수 연봉 순위. 2021년

순위	이름	소속	연봉
1	추신수	SK	27억 원
2	양의지	NC	15억 원
2	박병호	키움	15억 원
4	최정	SK	12억 원
5	오승환	삼성	11억 원
5	이재원	SK	11억 원
7	허경민	두산	10억 원
7	김현수	LG	10억 원
9	최형우	기아	9억 원
10	황재균(KT), 정우람(한화), 이대호(롯데)		8억 원

〈출처: KBO, 국내 선수 한정〉

통계로 보는 세상

국내 프로야구 2021년 연봉 킹

미국 메이저리그에서도 성공적인 선수 생활을 하고 한국 프로야구에 큰 환영을 받으며 복귀했던 추신수 선수. 추 선수는 명성에 걸맞게 2021년 국내 프로야구 선수 중(외국인 선수 제외) 가장 많은 연봉을 받은 선수입니다.

추 선수의 2021년 연봉은 27억 원입니다. 2위인 MC다이노스의 양의지 선수가 15억 원이니 엄청나죠. 역시 공동 2위는 15억 원의 박병호 선수입니다. 4위는 최정 선수로 12억 원, 5위는 SK 포수 이재원 선수와 오승환 선수로서 연봉은 11억 원입니다.

공동 6위는 두산 내야수 허경민 선수와 김현수 선수로서 연봉은 10억 원입니다. 이 외 최형후 9억 원, 황재균, 이대호, 정우람 선수가 8억 원의 연봉을 받아 탑 10안에 들었네요.

한편 2022년 시즌을 마친 후 추 선수는 이전 시즌 보다 10억 원 삭감된 연봉 17억 원에 소속팀 SSG와 재계약을 했습니다.

83

비틀즈

● 최다 앨범 판매고 기록한 가수

순위	가수	앨범 판매고
1	비틀즈	3억장~10억장
2	엘비스 프레슬리	3억장~6억장
3	마이클 잭슨	2억장~4억장
4	마돈나	1억9,000만장~3억장
5	엘튼 존	1억7,000만장~3억장
6	레드 제플린	1억5,000만장~3억장
7	핑크 플로이드	1억9,000만장~2억5,000만장
8	리한나	2억2,000만장~2억3,000만장
9	머라이어 캐리	1억4,000만장~2억장
10	셀린디옹	1억2,000만장~2억장

〈각종 자료 종합〉

전세계적으로 어느 가수의 앨범이 가장 많이 팔렸을까요? 공식적으로 통계가 잡히지는 않았지만 대략적인 판매량으로만 놓고 봤을 때 영원한 레전드 비틀즈의 앨범이 가장 많이 팔린 것으로 추측 된다네요. 비틀즈 앨범은 최대 10억장까지 팔렸다고 합니다.

2위는 영원한 록큰롤의 황제 엘비스 프레슬 리가 선정됐는데요. 최대 6억장의 판매고를 기록했다고 합니다.

3위는 팝의 황제 마이클 잭슨(최대 4억장)이며, 4위는 마돈나(3억장), 5위는 앨튼 존(3억장), 6위는 레드제플린, 7위는 핑크 플로이드.

8위는 리한나, 9위는 머라이어 캐리, 10위는 셀린디용 순입니다.

84

위대한 아티스트

● 역대 최고의 POP Singer

순위	가수	특징
1	비틀즈	말이 필요없죠
2	마이클 잭슨	영원한 팝의 황제
3	레드 제플린	세계 최고의 헤비메탈 밴드
4	롤링 스톤즈	단독 공연 최다 수익 기록
5	밥 딜런	노벨문학상 수상
6	지미 헨드릭스	이빨로 기타 치기 신공 발휘
7	프린스	오바마 대통령도 프린스의 광팬
8	엘비스 프레슬리	세계 최초 로큰롤의 아이돌
9	제임스 브라운	The Godfarther Of Soul
10	스티비 원더	13세때 빌보드 1위 차지

〈출처: VH1, 2010년 선정〉

역대 최고 가수는 비틀즈

미국의 음악전문 채널 VH1이 2010년에 '위대한 아티스트 100인'을 선정했는데요, 1위는 예상대로 비틀즈가 차지했네요. 설명이 필요없죠.

2위는 마이클 잭슨이 차지했는데요, 마이클 잭슨의 Thriller는 전세계적으로 1억400만장이란 판매고를 기록했죠.

3위는 헤비메탈 그룹 레드 제플린이 차지했습니다. 4위는 아직도 현역에서 활동중인 롤링스톤즈, 5위는 노벨 문학상을 수여한 밥딜런, 6위는 지미 헨드릭스 7위는 프린스, 8위는 엘비스 프레슬리, 9위는 제임스 브라운, 10위는 앞이 안보이는 가수인 스티비 원더가 차지했네요

85

제임스 스튜어트

● 20세기 위대한 남자 배우

순위	배우	순위	배우
1	제임스 스튜어트	11	클라크 케이블
2	스펜서 트레이시	12	로널드 콜먼
3	말론 브란도	13	커크 더글라스
4	로렌스 올리비에	14	그레고리 펙
5	폴 뉴먼	15	리처드 해리스
6	헨리 폰다	16	캐리 그랜트
7	험프리 보가트	17	리처드 위드마크
8	제임스 캐그니	18	피터 오툴
9	리처드 버트	19	게리 쿠퍼
10	찰리 채플린	20	알렉 기네스

〈출처: 미국영화협회〉

20세기 가장 위대한 남자배우

미국영화협회(AFI)가 20세기 위대한 남자배우를 선정했습니다. 헐리웃 배우들이라 국내 올드팬들에게 향수를 젖게 하는 배우들이 순위에 랭크됐네요.

1위는 선한 인상의 키다리 아저씨 배우 제임스 스튜어트가 차지했네요.『스미스씨 워싱턴으로 가다』로 오스카 남우주연상 후보로 선정된 이후 최고의 전성기를 누린 배우지요.

2위는『노인과 바다』의 스펜서 트레이시가 차지했네요. 3위는『욕망이라는 이름의 전차』『대부』의 명배우 말론 브란도가 선정됐고요. 4위는 세익스피어 영화의 대가『로렌스 올리비에』가 올랐으며 5위는『스팅』『내일을 향해 쏴라』의 명 배우 폴뉴먼이 선정됐습니다.

이 외 6위는 헨리폰다, 7위는 험프리 보가트, 8위는 제임스 캐그니 9위는 리처드 버튼, 10위는 코미디의 황제 찰리 채플린이 차지했습니다.

86

캐서린 햅번

● 20세기 위대한 여자 배우

순위	배우	순위	배우
1	캐서린 햅번	11	바바라 스탠윅
2	베티 데이비스	12	클로데트 콜베르
3	오드리 햅번	13	그레이스 켈리
4	잉그리드 버그만	14	진저 로저스
5	그레타 가르보	15	메이 웨스트
6	마릴린 몬로	16	비비안 리
7	엘리자베스 테일러	17	릴리안 기쉬
8	주디 갈란드	18	셜리 템플
9	마를레네 디트리히	19	리타 헤이워드
10	조안 크로포드	20	로렌 바콜

〈출처: 미국영화협회〉

20세기 가장 위대한 여자배우

미국영화협회(AFI)가 20세기 위대한 여자배우를 선정했네요. 당대 최고의 여자배우들이 순위권에 있는데요, 1위는 오스카상 4회 수상에 빛나는 캐서린 햅번이 차지했네요.

2위는 눈동자가 아름다운 여배우 베티 데이비스가 차지했고요, 3위는 『로마의 휴일』의 명 배우 오드리 햅번, 4위는 『카사블랑카』의 명배우 잉그리드 버그만이 랭크됐네요.

5위는 '신비주의 여신' 그레타 가르보가 차지했고요, 6위는 '백치미의 절정' 마릴린 몬로, 7위는 '미의 여신' 엘리자베스 테일러, 8위는 아역배우 출신의 주디 갈란드 9위는 독일 태생의 여배우 마를레네 디트리히, 10위는 '멜로의 여왕' 조안 크로포드가 등재됐습니다.

11위권 밖의 배우로는 바바라 스탠윅, 클로데트 콜베르, 그레이스 켈리, 진저 로저스, 메이 웨스트, 비비안 리 등이 차지했네요.

87

국산영화

●연도별 국산 VS. 외산 영화 관객점유율

연도	국산 영화	외산 영화
2012년	59.0%	41.0%
2013년	59.7%	40.3%
2014년	50.1%	49.9%
2015년	52.0%	48.0%
2016년	53.7%	46.3%
2017년	51.8%	48.2%
2018년	50.9%	49.1%
2019년	51.0%	49.0%
2020년	68.0%	32.0%
2021년	30.1%	69.9%

〈출처: 영화관입장권통합전산망(KOBIS)〉

매년 국산영화 상영편수는 1,000여 편을 웃돌 정도로 늘어나고 있지만 점유율은 해가 갈수록 줄어들고 있습니다.

영화관입장권통합전산망에 따르면 2004년 국산영화 점유율은 54.5%로 50%를 웃돌더니 2006년에는 점유율이 63.6%에 달했습니다. 하지만 이후 점유율이 하락세를 보이다 2011년에 회복세를 보이면서 2013년에는 60%까지 점유율이 높아졌죠.

이후 꾸준한 점유율 상승을 보이더니 2020년에는 68%의 점유율을 기록하네요. 그러다 코로나가 절정이던 2021년 국산영화 점유율은 30.1%로 하락합니다.

2021년 국산영화 관객은 1,800만 명에 불과해 외산영화 관객은 5,840만 명에 훨씬 못 미친 것으로 조사됐습니다.

88

영화 관객 수

● 연도별 영화 관객수

연도	관객 수(백만 명)	전년대비 증감률(%)
2010	147	−4.9
2011	159	8.1
2012	194	22.0
2013	213	9.5
2014	215	0.8
2015	217	1.0
2016	217	−0.1
2017	220	1.3
2018	216	−1.6
2019	227	4.8
2020	60	−73.7
2021	61	1.7

〈출처: 영화관입장권통합전산망(KOBIS)〉

코로나 팬더믹으로 4분의 1로 급감

2010년 매년 2억 명 가까이 극장을 찾았던 관객이 코로나19 팬더믹으로 2020년에는 4분의 1로 급감했다고 합니다.

영화관입장권통합전산망 자료에 따르면 2020년 극장을 찾은 관객 수는 6,000만 명에 불과해 2019년도 2억2,700만 명에 비해 무려 74% 정도 급감했다고 하네요. 슬픈 일입니다.

2021년에도 관객수는 6,100만명에 불과해 좀처럼 회복기미를 보이지 않고 있습니다.

극장을 찾은 관객 수는 2000년대 초반 1억 명 대에서 2010년도에 1억5,000만 명에 육박하더니 2013년도에 2억1,300만 명에 달합니다.

매년 조금씩 꾸준히 관객 수를 모으더니 2019년에는 2억 2,700만 명으로 관객 수가 늘었지만, 코로나 직격탄을 맞으면서 2020년도에는 4분의 1 수준으로 뚝 떨어졌네요.

올해는 코로나 영향에서 어느정도 벗어나 평상시 수준을 회복하길 기대합니다.

89

다니엘 크레이그

●헐리우드 배우 출연료 순위, 2021년

순위	배우	출연료
1	다니엘 크레이그	1억 달러
2	드웨인 존슨	5,000만 달러
3	윌 스미스	4,000만 달러
4	덴젤 워싱턴	4,000만 달러
5	레오나르도 디카프리오	3,000만 달러
6	마크 월버그	3,000만 달러
6	제니퍼 로렌스	2,500만 달러
8	줄리아 로버츠	2,500만 달러
9	산드라 블록	2,000만 달러
10	라이언 고슬링	2,000만 달러

〈출처: 버라이어티〉

헐리우드 배우 출연료 1위

미국의 연예전문 매체 『버라이어티』가 2021년 헐리우드 배우들의 출연료 순위를 공개했는데요. 007 시리즈로 유명한 영국 배우 다니엘 크레이그가 약 1억 달러 출연료를 받았다고 하네요.

2위는 근육질 배우 드웨인 존슨이 차지했는데, 그의 출연료는 크레이그의 절반 수준인 5,000만 달러라고 합니다. 3위는 최근 오스카상 시상식에서 폭력을 휘둘러 논란이 된 배우 윌 스미스가 차지했는데요, 그의 출연료는 4,000만 달러입니다. 역시 4위는 지적인 흑인 배우 덴젤 워싱턴이 4,000만 달러 출연료를 받았으며, 5위는 레오나르도 디카프리오로서 그의 출연료는 3,000만 달러입니다.

공동 5위는 마크 월버그로서 3,000만 달러, 7위는 헝거 게임으로 유명한 제니퍼 로렌스가 2,500만 달러, 줄리아 로버츠도 2,500만 달러 출연료를 받았다네요.

이 외 산드라 블록(2,000만 달러), 라이언 고슬링(2,000만 달러) 순입니다.

90

초원이 다리는 백만불짜리

● 한국 영화 최고의 명대사

순위	대사	영화
1	초원이 다리는 백만불짜리	말아톤
2	고마해라 마이 무따 아이가	친구
3	사랑이 어떻게 변하니	봄날은 간다
4	누구냐 넌	올드보이
5	나 다시 돌아갈래	박하사탕
6	배...배...배신이야	넘버3
기타	니가 가라 하와이	친구
	경아 오랜만에 누워보는군	겨울여자
	비겁한 변명입니다	실미도
	너나 잘하세요	친절한 금자씨

〈출처: 네이버, 2005년〉

영화는 역시 기억에 남는 대사가 아주 중요하죠. 그렇다면, 한국 영화 최고의 명대사는 무엇일까요?

네이버가 2005년에 한국 영화 최고의 명대사를 선정했는데요. 1위는 『말아톤』의 "초원이 다리는 백만불짜리 다리"라는 대사가 최고의 명대사로 꼽혔네요. 조승우 씨가 당시 말아톤 속 주인공을 연기했죠.

2위는 『친구』의 유명한 대사로서 장동건 씨가 죽기 직전에 남긴 말 "고마해라 마이 무따 아이가"가 차지했네요. 역시 영화 친구에서 장동건 씨의 명대사인 "니가 가라 하와이"도 아주 유명한 대사였죠.

3위는 영화 『봄날은 간다』에서 유지태 씨가 말했던 "사랑이 어떻게 변하니"가 차지했네요.

이 외 『올드 보이』속 최민식의 대사인 "누구냐 넌"이 4위를 차지했고, 『박하사탕』의 설경구의 마지막 대사인 "나 다시 돌아갈래"도 기억에 남는 명대사입니다. 『넘버3』속 송강호 씨의 "배..배..배신이야"도 6위를 차지했네요.

91

마이클 조던

● 위대한 스포츠 스타

순위	선수	종목	순위	선수	종목
1	마이클 조던	농구	11	조 몬타나	풋볼
2	무하마드 알리	복싱	12	르브론 제임스	농구
3	웨인 크레츠키	아이스하키	13	제시 오웬스	육상
4	우사인 볼트	육상	14	호날두	축구
5	마이클 펠프스	수영	15	톰 브래디	풋볼
6	베이브 루스	야구	16	이소룡	무술
7	짐 쏘프	육상	17	리오넬 메시	축구
8	보 잭슨	야구/미식축구	18	타이거 우즈	골프
9	펠레	축구	19	보비 오	아이스하키
10	로저 페더러	테니스	20	월트 체임벌레인	농구

〈출처: The Top Tens〉

가장 위대한 스포츠 스타 1위

역사상 위대한 스포츠 선수들이 많죠. 개인마다 호불호가 엇갈리긴 하지만, 팬들이 뽑은 역대 최고의 스포츠 스타는 누구일까요? 『The Top Tens』라는 매거진에서 팬들 투표로 순위를 발표했는데요. 1위는 바로 미 NBA 프로농구 선수 출신인 농구황제 마이클 조던이 차지했네요. 마이클 조던은 오늘날 NBA 인기를 미국내에서 전세계로 확산시킨 데 결정적인 역할을 한 스포츠 선수죠.

2위는 전설의 복서 무하마다 알리입니다. 무하마드 알리는 역대 최고의 복서 중 한명이죠. 3위는 미국 프로아이스하키(NHL) 선수 출신인 웨인 크레츠키가 차지했네요.

4위는 번개 우사인 볼트, 5위는 미국 수영선수 마이클 펠프스, 6위는 미국 프로야구 선수 출신인 베이브 루스가 랭크됐답니다.

7위에 랭크된 짐 쏘프는 국내에선 생소하지만 미국의 육상 선수 출신이고요 8위는 프로야구와 풋볼을 섭렵한 보잭슨이 차지했네요.

9위는 축구황제 펠레, 10위는 테니스 선수 로저 페더러가 차지했네요.

92

첫사랑

● 역대 드라마 시청률 Top 10

순위	드라마	방송사	방영년도	최고 시청률(%)
1	첫사랑	KBS2	1997	65.8
2	허준	MBC	2000	65.6
3	사랑이 뭐길래	MBC	1992	64.9
4	모래시계	SBS	1995	64.5
5	젊은이의 양지	KBS2	1995	62.7
6	그대 그리고 나	MBC	1998	62.4
7	아들과 딸	MBC	1993	61.1
8	태조 왕건	KBS1	2001	60.2
9	여명의 눈동자	MBC	1992	58.4
10	대장금	MBC	2004	57.8

〈출처: 닐슨코리아〉

역대 최고의 시청률 1위 드라마

대한민국 사람들만큼 드라마를 사랑하는 국민은 많지 않습니다. 매해 수많은 드라마가 양산되는데요. 그중에서 대한민국 국민들에게 가장 사랑받은 드라마는 무엇이었을까요. 객관적인 수치로는 시청률로 확인할 수 있는데요.

시청률 조사기관 닐슨코리아에 따르면 1위는 1996년에 상영된 최수종, 배용준, 이승연 주연의 『첫사랑』이 차지했습니다. 당시 시청률이 65.8%라고 하네요.

2위는 1999년 상영된 전광열 주연의 『허준』(65.6%)였으며, 3위는 시청률 64.9%를 기록한 1991년 주말드라마 최민수, 하희라 주연의 『사랑이 뭐길래』가 차지했습니다. 4위는 1995년 상영된 최민수, 박상원 주연의 『모래시계』로서 시청률이 64.5%였답니다. 5위는 1995년 상영된 하희라, 이종원 주연의 『젊은이의 양지』(62.7%)였습니다. 6위는 1997년 상영된 『그대 그리고 나』(62.4%), 7위는 1992년 상영된 MBC 드라마 『아들과 딸』(61.1%), 8위는 KBS 대하드라마 『태조왕건』(60.2%), 9위는 『여명의 눈동자』(58.4%), 10위는 이영애 주연의 2003년 방영돼 한류 열풍을 일으킨 『대장금』(57.8%)이 차지했네요.

93

NFL

● 전세계 Top 10 스포츠 리그

순위	리그	평균 관중수(명)	시즌 전체 (백만 명)
1	NFL(미국 풋볼리그)	68,550	17.8
2	분데스리가(독일 프로축구)	43,500	13.3
3	프리미어리그(영국 프로축구)	37,400	14.1
4	AFL(호주 풋볼리그)	33,600	6.9
5	IPL(인도 크리켓 리그)	32,800	3
6	MLB(미국 프로야구리그)	30,500	73
7	Big Bash(호주 크리켓리그)	29,000	1.1
8	라리가(스페인 프로축구)	27,200	10
9	NPL(일본 프로야구)	26,450	22
10	Serie-A(이태리 프로축구)	24,93	9.1

〈출처: TotalSportal, 2021~2022 기준〉

평균 관중이 가장 많은 스포츠 리그

전세계적으로 많은 스포츠들이 인기를 끌고 있는데요. 그중에서 가장 많은 관중을 동원하는 종목은 무엇일까요.

스포츠 전문 매체 『TotalSportal』가 2021~2022년 동안 가장 많은 관객을 동원한 스포츠는 NFL로서 평균 관중이 6만8,550명이라고 합니다.

2위는 독일 축구리그인 분데스리가로 4만3,500명이며, 3위는 영국의 프리미어리그로서 3만7,400명, 4위는 오스트레일리안 풋볼인 AFL로서 평균 관중이 3만3,600명이네요. 5위는 인도의 크리켓 리그인 IPL로서 평균 3만2,800명의 관중이 직관한다고 합니다. 6위는 메이저리그로서 평균 관중은 3만500명, 7위는 호주의 크리켓 리그인 Big Bash로서 평균 2만9,000명, 8위는 스페인 라리가로서 평균 2만7,200명, 9위는 일본 프로야구 NPL로서 평균 2만6,450명, 10위는 이탈리아 축구리그인 Serie-A로서 평균 관중은 2만4,931명입니다.

리그를 불문하고는 단연 축구가 가장 많은 인기를 구가한다는 것을 볼 수 있습니다.

94

야구

●한국인이 제일 좋아하는 스포츠

순위	한국인 전체	지지율(%)	15세~29세	지지율(%)
1	야구	62.0	축구	53.2
2	축구	52.6	야구	50.8
3	골프	30.9	e스포츠	39.7
4	수영	27.0	배드민턴	29.2
5	농구	26.9	농구	28.1
6	e스포츠	26.3	수영	28.1
7	배드민턴	22.6	피겨스케이팅	24.0
8	볼링	22.1	양궁	23.3
9	피겨 스케이팅	21.9	볼링	21.8
10	배구	21.6	배구	20.8

〈출처: 닐슨코리아, 2017년 조사〉

한국인들이 가장 좋아하는 스포츠

한국에는 다양한 프로리그들이 활동하고 있습니다. 프로야구부터 프로배구 등 한국인들의 스포츠 사랑은 대단하죠. 그렇다면 한국인들이 가장 좋아하는 스포츠 종목은 무엇일까요. 조사기관마다 결과들이 다소 다르지만, 그래도 야구와 축구가 가장 인기있는 종목은 공통된 사실이네요.

닐슨코리아가 조사한 자료에 따르면 한국인들은 야구를 가장 좋아한다고 하네요. 프로야구 인기가 타 종목보다 더 높다는 것은 상식이죠. 야구의 뒤를 이어 축구가 차지했고 3위는 골프가 차지했네요.

4위는 수영, 5위는 농구, 6위는 e스포츠를 꼽았네요. 7위는 온국민이 즐겨하는 스포츠인 배드민턴, 8위는 볼링, 9위는 김연아 선수영향으로 피겨 스케이팅, 10위는 배구가 차지했네요.

다만 같은 조사에서 15세~29세 등 젊은 세대들은 축구, 야구, e스포츠 순으로 조사된게 특이합니다.

95

공포의 외인구단

● 1980년대 한국 명작 만화

제목	작가	연도	제목	작가	연도
오달자의 봄	김수정	1981	달려라 하니	이진주	1985
공포의 외인구단	이현세	1982	아르미안의 네딸들	신일숙	1986
달려라 꼴찌	이상무	1983	검신검귀	이재학	1986
북해의 별	김혜린	1983	오! 한강	허영만	1987
굿바이 미스터블랙	황미나	1983	먼나라 이웃나라	이원복	1987
맹꽁이 서당	윤승운	1983	보통고릴라	주완수	1988
악동이	이희재	1983	비천무	김혜란	1988
아기공룡 둘리	김수정	1983	객주	김주영/ 이두호	1988
신의 아들	박봉성	1984	열네살 영심이	배금택	1988
야수라 불리운 사나이	고행석	1984	장길산	황석영/ 백성민	1989
머털도사님	이두호	1985	기계전사 109	노진수/ 김준범	1989

〈출처: 만화영상진흥원〉

1980년대 최고의 만화

만화는 이제 애니메이션, 웹툰으로 진화하면서 만화왕국 일본을 위협하는 수준까지 이르고 있죠. 특히 웹툰은 한류 붐을 일으키면서 가장 중요한 지식 자원으로 주목받고 있습니다.

만화영상진흥원에서 시대별 최고의 만화 100선을 선정했습니다. 그중에서 만화 열풍을 몰고 왔던 1980년대는 만화 전성기라고 할 수 있는 시대입니다. 1980년대 만화는 시대극, 무협, 스포츠, 로맨스 등 다양한 분야에서 많은 역작들이 등장했습니다.

이현세의 『공포의 외인구단』을 필두로, 박봉성의 『신의 아들』을 비롯해 『바람의 파이터』『장길산』『객주』 등 역사를 다룬 만화도 많은 인기를 끌었습니다. 특히 『머털도사』『달려라 하니』『열네살 영심이』『아기공룡 둘리』 등 어린이들에게 친숙한 만화도 많은 인기를 끌었죠.

이 외 이원복 작가의 『먼나라 이웃나라』 허영만 작가의 『오한강』 등도 1980년대를 대표하는 최고의 만화로 선정됐습니다.

96

라이언 킹

●역대 최고의 흥행 뮤지컬 Top 10

순위	작품	제작년도	총 수입(백만 달러)
1	라이온 킹	1997	1,657
2	Wicked	2003	1,345
3	오페라의 유령	1988	1,241
4	시카고	1975	656
5	The Book of Mormon	2011	645
6	맘마미아	2001	624
7	해밀턴	2015	612
8	저지 보이즈	2005	558
9	레미제라블	1987	515
10	알라딘	2011	510

〈출처: Broadway League〉

최고 흥행을 기록한 뮤지컬

뮤지컬은 시대를 막론하고 많은 사랑을 받은 장르입니다. 그렇다면 최고의 흥행을 기록한 뮤지컬은 무엇일까요.

뮤지컬 관객수를 집계하는 Broadway League에서 발표한 자료에 따르면 역대 최고 흥행을 기록한 뮤지컬은 『라이언 킹』입니다. 지난 1997년 제작된 라이언 킹은 현재까지 17억 달러를 벌어들인 것으로 조사됐습니다.

2위는 『Wicked』로서 현재까지 13억 달러를 벌어들였고요. 3위는 1988년 제작된 『오페라의 유령』(12억 달러)이 차지했네요. 4위는 1975년 제작된 『시카고』로 흥행 수입은 6억6,000만 달러입니다.

『The Book of Mormon』이 6억5,000만 달러 수입을 기록했고요. 전설적인 그룹 아바의 노래를 뮤지컬로 승화시킨 『맘마미아』가 6억2,000만 달러의 수입을 올렸네요.

이 외 해밀턴(6억1,000만 달러), 저지 보이즈(5억6,000만 달러), 레미제라블(5억2,000만 달러), 알라딘(5억1,000만 달러) 순으로 나타났습니다.

97

시민 케인

●역대 최고의 영화 Top 10

순위	영화	제작 년도	감독	장르
1	시민 케인	1941	오손 웰즈	느와르
2	대부	1972	프랜시스 포드 코폴라	느와르
3	카사블랑카	1942	마이클 커티즈	드라마
4	레이징 불	1980	마틴 스코세이지	느와르
5	사랑은 비를 타고	1952	스탠리 도넌	로맨스
6	바람과 함께 사라지다	1939	빅터 플레밍	역사
7	아라비아의 로렌스	1962	데이비드 린	드라마
8	쉰들러 리스트	1993	스티븐 스필버그	전쟁
9	현기증	1958	알프레드 히치콕	미스터리
10	오즈의 마법사	1939	빅터 플레밍	뮤지컬

〈출처: AFI〉

역대 최고의 영화

여러분들이 생각하는 역대 최고의 영화는 무엇인가요? 각자 생각들이 다르겠지만, 시대를 통틀어 모든 전문가와 비평가의 찬사를 받고 있는 전설의 영화는 존재합니다. 미국영화연구소(AFI)가 역대 최고의 영화를 선정했는데요. 1위는 오손 웰즈 감독, 주연의 『시민 케인』(1941년)이 차지했습니다. 『시민 케인』은 어떤 조사에서도 늘 최고의 영화로 꼽히는 명작이죠. 2위는 프랜시스 포드 코폴라 감독의 알파치노 주연의 『대부』(1972년)가 선정됐네요. 두말이 필요없는 명작이죠. 3위는 1942년 제작된 잉그리드 버그만과 험프리 보카트 주연의 『카사블랑카』가 차지했네요. 4위는 마틴 스코세이지 감독의 『레이징 불』(1980년작)이 선정됐고, 5위는 OST로 유명한 『사랑은 비를 타고』(1952년)가 선정됐습니다. 6위는 1939년작 클라크 케이블, 비비안 리 주연의 『바람과 함께 사라지다』 7위는 1962년 데이비드 린 감독의 『아라비아 로렌스』, 8위는 스티븐 스필버그 감독의 『쉰들러 리스트』가 선정됐습니다. 9위는 알프레도 히치콕 감독의 『현기증』, 10위는 1939년 빅터 플레밍 감독의 『오즈의 마법사』가 선정됐습니다.

여러분들이 생각하는 역대 최고의 영화는 무엇인가요?

98

알프레도 히치콕

●역대 최고의 감독

순위	감독	특징	주요 작품
1	알프레도 히치콕	서스펜스물	현기증, 싸이코
2	오손웰즈	예술계의 천재	시민 케인
3	존 포드	서부극의 1인자	역마차, 수색자
4	하워드 혹스	장르의 대가	영광의 길, 요크상사
5	마틴 스코세이지	느와르의 대가	택시스라이브, 컬러오브 머니
6	구로사와 아키라	일본 영화의 거장	7인의 사무라이, 라쇼몽
7	버스터 키튼	코미디 영화의 대가	제너널, 셜록 주니어
8	잉마르 베리만	현대 영화 최고의 감독	애욕의 항구, 처녀의 샘
9	프랭크 카프라	고전 헐리웃 시대의 대가	어느날 밤에 생긴 일
10	페데리코 펠리니	20세기 최고의 감독	달콤한 인생, 길

〈출처: Entertainment〉

역대 최고의 영화감독

동시대는 물론 영화 초기부터 현재까지 많은 영화감독들이 세상을 경탄하게 만든 주옥같은 영화를 만들었습니다. 그렇다면, 역대 최고의 영화감독은 누구일까요.

미국의 영화잡지 『Entertainment』에서 선정한 최고의 영화감독으로는 알프레도 히치콕이 선정됐습니다. 서스펜스물의 대가 알프레도 히치콕은 『현기증』『사이코』 등 같은 불멸의 작품들을 남겼죠.

2위는 예술계의 천재 '오손웰즈'가 차지했고요. 3위는 장르의 대가 '하워드 혹스' 감독이 선정됐습니다. 5위는 느와르의 대가 마틴 스코세이지 감독, 6위는 일본 영화의 거장 '구로사와 아키라 감독'이 선정됐습니다. 7위는 1920~30년대 코미디 영화의 대가 '버스터 키튼 감독'이 꼽혔고 8위는 현대 영화 최고의 감독으로 명성이 자자한 잉마르 베리만 감독, 9위는 고전 헐리웃 시대의 명작을 양산했던 '프랭크 카프라 감독', 10위는 20세기 최고의 감독으로 꼽히는 '페데리코 펠리니' 감독이 선정됐습니다.

99

양궁

● 한국 종목별 올림픽 금메달 개수

종목	금메달 수	종목	금메달 수
양궁	27개	역도	3개
쇼트트랙	26개	탁구	3개
태권도	12개	기계체조	2개
레슬링	11개	핸드볼	2개
유도	11개	골프	1개
사격	7개	수영	1개
배드민턴	6개	스켈레톤	1개
스피드 스케이팅	5개	야구	1개
펜싱	5개	육상	1개
복싱	3개	피겨스케이팅	1개

〈출처: 대한체육회〉

한국 올림픽 금메달 최다 종목

한국의 올림픽 역사는 그야말로 눈물겨운 투혼의 역사라고 할 수 있습니다. 1976년 레슬링에서 양정모 선수가 첫 금메달을 땄을 때 전 국민은 환호했습니다. 그만큼 많은 국민들이 올림픽 금메달을 기다려 왔다는 증거겠죠. 그 이후 많은 종목에서 금메달을 땄는데요. 현재까지 20개 종목에서 금메달을 기록했습니다.

그렇다면 종목별 최다 금메달을 획득한 종목은 무엇일까요. 하계, 동계올림픽 통틀어 우리나라는 총 129개의 금메달을 땄는데요. 양궁에서만 무려 27개의 금메달을 기록했습니다. 동계종목의 간판인 쇼트트랙에서도 무려 26개의 금메달을 기록했는데, 양궁과 쇼트트랙이 한국을 대표하는 종목임을 알 수 있습니다.

대한민국이 종주 종목인 태권도에서는 12개, 레슬링과 유도에서 11개의 금메달을 목에 걸었습니다. 이 외 사격에서 7개, 배드민턴 6개, 스피드 스케이팅과 펜싱 종목에서 각각 5개의 금메달을, 복싱과 역도, 탁구 등에서 각각 3개의 금메달을 따냈네요.

100

월드컵 최고 이변

● 월드컵 최고의 이변 경기

순위	월드컵	결과	특징
1	1966년 잉글랜드 월드컵	이태리 0-1 북한	박두익 결승골
2	1982년 스페인 월드컵	스페인 0-1 북아일랜드	개최국 스페인 패배
3	1990년 이태리 월드컵	아르헨티나 0-1 카메룬	전 대회 우승팀 아르헨티나 첫 경기 패배
4	1950년 브라질 월드컵	미국 1-0 잉글랜드	미국 승리확률 1/500
5	2010년 남아공 월드컵	스페인 0-1 스위스	스페인 첫 경기 패했지만 결국 우승
6	1978년 아르헨티나 월드컵	스코틀랜드 3-2 네덜란드	토털사커의 침몰
7	202년 한일 월드컵	세네갈 1-0 프랑스	지단의 패배
8	1974년 서독 월드컵	동독 1-0 서독	결과는 서독의 월드컵 우승
9	2014년 브라질 월드컵	네덜란드 5-1 스페인	전 월드컵 우승팀의 굴욕적 패배
10	2002년 한일 월드컵	한국 2-1 이태리	한국 4강 신화

〈출처: BBC〉

통계로 보는 세상

1966년 잉글랜드 월드컵 북한과 이태리 전

아르헨티나 우승으로 2022년 카타르 월드컵이 막을 내렸는데요. 이번 카타르 월드컵에서는 많은 이변 경기가 속출했지요. 그렇다면 월드컵 역사상 최고의 이변 경기는 무엇일까요. 영국 공영방송 BBC에서 축구 전문가들이 선정한 월드컵 역사상 최고의 이변 경기를 발표했는데요. 1위는 1966년 잉글랜드 월드컵에서 처녀 출전한 북한이 강력한 우승후보였던 이태리를 1:0으로 격침시킨 경기가 최고 이변 경기로 꼽혔네요. 당시 박두익 선수의 한방으로 경기를 끝내버렸죠. 2위는 1982년 스페인 월드컵에서 개최국이었던 스페인이 약팀으로 평가받던 북아일랜드에게 1:0으로 패한 경기가 선정됐네요. 3위는 1990년 이태리 월드컵에서 전년도 우승팀 아르헨티나가 개막 경기에서 카메룬에게 1:0으로 패배한 경기가 꼽혔고요. 4위는 1950년 브라질 월드컵 당시 미국이 승리확률 1/500을 뚫고 잉글랜드를 1:0으로 이긴 경기가 선정됐습니다. 이외 2002년 한일 월드컵 당시 세네갈이 전대회 우승팀 프랑스를 1:0으로 이긴 경기도 최고의 이변 경기로 선정됐습니다. 10위로는 2002년 한일 월드컵 당시 한국이 이태리를 16강 전에서 2:1로 제압하고 8강에 오른 경기가 선정됐습니다.

101

김수녕

● 분야별 역대 최고의 Top 3 선수

종목	선수
축구	펠레, 메시, 마라도나
농구	마이클 조던, 르브론 제임스, 카림 압둘자바
골프	잭 니클라우스, 타이거 우즈, 벤 호건
테니스	로저 페더러, 라파엘 나달, 안드레 애거시
야구	베이브 루스, 윌리 메이스, 베리본즈
수영	마이클 펠프스, 마크 스피츠, 메트 비온디
복싱	무하마드 알리, 마이크 타이슨, 플로이드 메이웨더 주니어
격투기	조지 생 피에르, 앤더슨 실바, 존 존스
여자 양궁	김수녕, 기보배, 박성현

〈출처: 각종 자료 종합〉

스포츠 분야별 최고의 선수들

스포츠가 등장한 이후 수많은 종목에서 걸출한 스타들이 등장했지요. 시대를 통틀어 최고의 선수들이 등장하고 또다른 별들이 탄생하고 있는 분야가 바로 스포츠입니다. 그렇다면 각 종목별 역대 최고의 선수들은 누구일까요. 각 종목별로 가장 뛰어난 스타선수들을 집계해 발표한 다양한 자료를 종합해 분야별 최고의 선수 3인을 선정했습니다. 우선 축구 종목에서는 펠레, 마라도나, 메시가 선정됐고요. 농구에서는 마이클 조던, 르브론 제임스, 카림 압둘자바 선수가 선정됐네요. 골프에서는 잭 니클라우스, 타이거 우즈, 벤 호건 선수가 꼽혔고요. 테니스 선수로는 현역인 로저 페더러와 라파엘 나달 그리고 은퇴한 안드레 애거시 선수가 선정됐습니다. 야구는 주로 미국 프로야구 선수들이 선정됐는데, 베이브 루스, 윌리 메이스, 베리 본즈 선수가 선정됐습니다. 수영에서는 미국의 수영 황제 마이클 펠프스, 마크 스피치, 메트 비온디 선수가 꼽혔습니다. 복싱은 무하마드 알리, 마이크 타이슨, 메이웨더 선수가 선정됐네요. 격투가 분야에서는 조지 생 피에르, 앤더슨 실바, 존 존스 선수가 꼽혔습니다. 우리나라가 최강국인 여자 양궁에서는 김수녕, 기보배, 박성현 선수가 선정됐네요.

• 갈라북스 · IDEA Storage 출간 도서

세상 모든 지식과 경험은 책이 될 수 있습니다.
책은 가장 좋은 기록 매체이자 정보의 가치를 높이는 효과적인 도구입니다.

갈라북스는 다양한 생각과 정보가 담긴 여러분의 소중한 원고와 아이디어를 기다립니다.

– 출간 분야: 경제 · 경영/ 인문 · 사회 / 자기계발
– 원고 접수: galabooks@naver.com